属国民主主義論

この支配からいつ卒業できるのか

白井 聡 × 内田 樹
Shirai Satoshi　Uchida Tatsuru

東洋経済新報社

はじめに

内田樹さんとの対談を書籍にまとめるのは二回目になります。前著『日本戦後史論』（徳間書店、二〇一五年）では、タイトルどおり「日本戦後史」をテーマに語り合いましたが、今回は「現在」をどうとらえるのか、そしてどうやって「現在」を乗り越えるのか、ということに対話の重点が置かれています。

「現在」がどんな状態にあるのかを言い表すために、「属国民主主義」という言葉が選ばれました。そうした、本書の刊行準備を進める間にも、まさにこの言葉の内実を赤裸々に示す忌まわしい出来事が起こってしまいました。それは、沖縄県うるま市に住む二〇歳の女性が、二〇一六年四月二八日から行方不明となり、翌五月一九日に米軍軍属の三二歳の男、シンザト・ケネフ・フランクリンが「死体遺棄容疑」で逮捕された事件です。この事件から、私は上手く言葉で言い表せないような衝撃と怒りを感じています。またしても、私たちは沖縄に犠牲を払わせてしまったのです。

このような事件が発生したことそのものだけでなく、事件の異様な経過は、属国の属国性を改めて一層際立たせています。

容疑者は、五月一六日に警察から任意の取り調べを受けた翌日に、多量の睡眠薬を飲んで病院に緊急搬送され、その次の日にも、今度はウィスキーを多量に飲んで再び病院に送られています。容疑者が逮捕されたのはさらにその翌日です。私たちは、このプロセスが異様なものであることを、明瞭に認識せねばなりません。任意取り調べの後に、容疑者が自殺を図ろうとしたことは明らかです。このような場合（自殺の可能性だけでも）、一般的に言って、警察は即座に容疑者の身柄を拘束します。もし本当に自殺などされてしまったら、警察の大失態となるところです。ところが今回の場合、沖縄県警は、最初の自殺未遂でも身柄を拘束せず、容疑者が二度までも自殺を図ることを、事実上許容しているのです。このことの異常性に鑑みれば、本件に関し、沖縄県警の上層部から、あるいはもっと「上から」この事件を揉み消してしまおうという圧力が働き、その圧力に抗するために沖縄県警の現場担当者が本件をメディアにリークしたことによって容疑者逮捕を実行せざるを得なくなったのではないか、という一部メディアが報じている「疑惑」も十分な根拠があるものと考えざるを得ません。

そして、この原稿を書いている五月三〇日の時点で、いまだに本件が「死体遺棄」事件として報道されていることも異様です。もはや明瞭に、本件は「強姦殺人死体遺棄」であるはずですが、なぜかそう呼ばれていない。同様に、一九九五年に発生し、衝撃をもたらした、米兵による小学生に対する集団強姦事件は、今もなお「沖縄米兵少女暴行事件」と呼ばれ続けています。属国であるという事実を直視しないところに日本の対米従属の特殊性と宿痾の根源が存する、というのは内田さんと私の共有する見解ですが、まさに現実の直視を妨げるこのような「言い換え」は、その象徴です。

しかし、いくら逃げ続けていても、やがてその限界は必ず来ます。遠からず本土の日本人は、沖縄のより一層激しい反基地運動、あるいは独立運動に直面することになるでしょう。そのとき、私たちは自決・自己決定を求める沖縄の要求は、本来われわれもまた掲げなければならないものであったことに、気づくことになるはずです。ですが、「気づくことになるはずだ」というのは、もちろん希望的観測にすぎません。だからこそ、私たちは本書を含めた諸々の機会を活用して、「現在」の構造的実相を明らかにしようと努めています。

もう一つ、この対談後から刊行までの間に起きた出来事を付け加えたいと思います。

米オバマ大統領が広島へやって来ました（五月二七日）。彼のふるった長広舌《ちょうこうぜつ》の内容について、ここで検討を加える暇《いとま》はありません。ただ、確実に言えるのは、日米の和解、核廃絶といった重大な目標の観点からして、アメリカの国家元首が広島に、とにもかくにもやって来たという事実は大変に重いということです。

しかし、それを迎える側（日本の政権）の基本動機は何であったでしょうか。それは、端的に言って「選挙対策」です。永続敗戦レジームの純粋形態たる安倍政権が、原爆投下についで本音のレベルではどうとらえているのかについては、私は『「戦後」の墓碑銘』（金曜日、二〇一五年）という本のなかで根拠とともに示しました。その分析に従えば、今回の政権側の動機は直近に迫った参議院選挙への対策以外にあり得ません。

オバマ大統領訪問という事実の「重さ」と、選挙対策という「軽さ」のコントラストを前にして、私は眩暈《めまい》を覚えています。この政権を選んだのは私たちです。私たちはここまで堕《お》ちました。

このような現実は、まことに気を重くさせるものです。しかし、それをはっきりと見定めるところからしか、私たちは本当の意味で出発できないのです。

白井　聡

目次

第2章 帝国化する国民国家と霊性 119

第3章 コスパ化する民主主義と消費社会 159

第4章

進行する日本社会の幼稚化

第5章

劣化する日本への処方箋

第1章

さらに属国化する日本の民主主義

加速する属国化

白井 二〇一五年は、安保法案問題で日本中が揺れた年でした。安倍晋三政権は二〇一四年七月、閣議決定によって憲法解釈を変更し、二〇一五年にはこれを法案化した「平和安全法制整備法」「国際平和支援法」という、いわゆる安保関連二法案を国会に提出。審議中に行われた衆議院の憲法審査会で、参考人として招致された長谷部恭男、小林節、笹田栄司の三人の憲法学者がいずれも「違憲」と断言し、日本中で反対の声が湧き上がる中、九月、国会での二法案採決を強行しました。これにより政府は、「たとえ日本が攻撃されていなくとも、同盟関係にあるアメリカが攻撃された場合には武力をもって反撃する」という、集団的自衛権を公に容認したのです。これらの法案に対しては、「安全保障関連法に反対する学者の会」の一万四〇〇〇人の学者・研究者が反対の署名を寄せており、日本の憲法学者の九八％が違憲と考えている、とされます。

実はこうした安倍政権の動きは、安倍政権発足前の二〇一二年八月に、アメリカの元国務副長官リチャード・アーミテージと元国防次官補ジョセフ・ナイが連名で発表した、いわゆる「アーミテージ・ナイレポート（アジアの安定のための日米同盟）」の内容を懸命に汲み取ったものでした。

このレポートは、「日本は世界の中の一流国でありたいのか、それとも二流国でいいのか。一流国でありたいならば、国際社会で相応の役割を果たさねばならない」として、日本に対し「時代遅れの抑制を解消し、アジア・太平洋地域におけるアメリカの防衛戦略を補完すること」を要求しました。安倍政権はこのアーミテージ・ナイレポートの要求に忠実に従い、そこに書かれた内容どおりにTPP交渉に参加を決め、憲法解釈の変更に踏み切ったのです。憲法違反が指摘され、国民の多くが反対している安保法案に対して、国民の賛否を問うこともなく強行採決に走るその姿勢を見ると、まさにアメリカの言いなりであり、「属国化はますます加速している」と改めて思わずにはいられません。さらに言えば、アメリカという国家の言いなりですらない。アーミテージもナイも、肩書上は民間人にすぎません。アメリカ国家全体からすれば、この程度の勢力によって日本は適当にあしらっておけばよい、という認識なのでしょう。

内田　戦争が終わって七〇年も経っているのに、なぜ今も日本にアメリカ軍の基地があるのか。そのことの原理的な当否から問わなければならないと思います。

連合国側が第二次大戦中に発表したポツダム宣言では、日本占領軍が日本領土を占領できる期限が明記してあります。それは、「新たな秩序が打ち立てられ」「日本の交戦力（War-Making Power）が破壊された確証が得られた」ときまでです。その目的が達せられたら、「占領軍は可及的速やかに日本から撤収する（The occupying forces of the Allies shall be withdrawn from Japan as soon as these objectives have been accomplished）」と明言している。as soon as ですよ。でも、大日本帝国戦争指導部は公職追放で一掃されたはずですから、宣言の文言どおりなら、占領開始から一年後には米軍は引き揚げていていいはずなんです。でも、サンフランシスコ講和条約まで米軍はポツダム宣言の規定とあきらかに違背したかたちでずるずると日本占領を続けた。そして、東西冷戦勃発後の日米安保条約では、その不法占領という既成事実を違う理由で追認させた。一九五一年の旧安保条約の前文にはこうあります。

「日本国は、武装を解除されているので、平和条約の効力発生の時において固有の自衛権を行使する有効な手段をもたない。無責任な軍国主義がまだ世界から駆逐されていないので、前記の状態にある日本国には危険がある。（中略）日本国は、その防衛のための暫定措置として、日本国に対する武力攻撃を阻止するため日本国内及びその附近にアメリカ合衆国がその軍隊を維持することを希望する」

話が巧妙にすり替えられているのがわかります。ポツダム宣言によれば、日本に「交戦力」が残存する限り米軍の占領は正当化される。五一年の旧安保条約によれば、日本に「固有の自衛権を行使する有効な手段（the effective means to exercise its inherent right of self-defense）」が整わない限り、米軍の占領は正当化される。つまり、日本に戦力があれば（それを破壊するために）米軍は駐留するし、なければ（それを補完するために）やはり米軍は駐留する、と。アメリカはそう主張しているわけです。それどころか、それは日本が「希望」してそうなったのだ、と。ダレスはこれによってアメリカが日本国内に「望む数の兵力を、望む場所に、望む期間だけ駐留させる権利を確保」したと揚言しましたけれど、これは日本がアメリカの軍事的属国となったことを国際社会に対して宣言したに等しい屈辱的な条文です。戦後史を見る場合には、この事実を起点にして確認をする必要があると僕は思っています。

白井　はい、その事実を大半の日本人が見ないで済ませることができてしまっている一因は、沖縄に基地が集中しているからですね。これは二〇一六年四月に出版した『戦後政治を終わらせる——永続敗戦の、その先へ』（NHK出版新書）という本でも論じたのですが、米軍が兵員を派遣して巨大な基地を維持しているのは、実は日本を守るためでも、世界の秩序を守るためでもない。戦後七〇年間で諸々の紆余曲折があって、在日米軍の位置づけに変化もありましたが、今になってその本来の性格がきわめて赤裸々に表れてきました。在日米軍が守っているのは究極的には、自民党政権という名の、自分たちにとって都合のいい傀儡政権なんです。そうすることによって国益を確保している。

逆に傀儡政権たる自民党側から見れば、米軍とは、自分たちにとって最強の番犬に他ならない。自分たちの権力を守ってくれているすばらしい番犬には、おいしいご飯を与えなければならない。どうせ自分の懐が痛む話ではないから、思いやり予算でもなんでも、どんどん増やして、とにかく今のままそこにいてもらうようにしている。そういう構造なんですね。自民党が「保守」「ナショナリスト」を自称しながら、外国の軍隊が駐留し続けている状態——本来のナショナリストにとって屈辱的な状態——を少しも解消しようとしないことの背景は、こうした構造です。

内田 旧安保条約を締結したとき、日本列島に展開された米軍基地は「東西冷戦における対ソ連戦の前線基地」という位置づけでした。だから、沖縄に全体の七五％もの基地が集中している。それは日本の中で沖縄がソ連から一番遠いからです。北海道に上陸してきたソ連軍が北から次々と自衛隊の防衛線を撃破して、日本列島全土を制圧したとしても、まだ米軍の主力部隊は沖縄に温存されている。そういう対ソ戦を想定した基地配列なんです。日本人を守るために米軍が沖縄にいるんじゃない。米軍を守るために日本列島の住民がいるんです。

ところが、その後ソ連は崩壊して、東西冷戦構造そのものが消失した。本来なら、この時点で日本の米軍基地はその軍略的な意義をほぼ失っている。だから、全面撤去とはゆかなくても、縮小は可能だったはずです。しかし、そうはならなかった。相変わらず沖縄の基地は「軍略上必要不可欠である」と言われている。今度は「海洋に進出する中国の脅威に備えるため」だ、と。でも、そんな話は「初耳」な訳です。冷戦終結時点では、中国海軍の脅威なんか誰も問題にしていなかった。東西冷戦後いったん米軍基地の撤収が検討され、中国の軍事的進出で再び基地の必要性が高まったので駐留が続いたというのならまだしも話の筋目は通ります。実際にフィリピンではそうだったわけですから。でも、日本では違う。沖縄の米軍基地の存在理由はこれまで何度も書き改められており、そのつど適当な理由がつけられている、ということです。前から何度も言っていることですけれど、地政学的な環境が一変したにもかかわらず、軍略上の重要性がまったく変わらない基地があるとすれば、それは〝あってもなくても、どうでもいい〟基地だという以外にない。論理的にはそうなります。沖縄の米軍基地の存在理由は、地政学的環境が変わるごとに、新しく思いつかれる。沖縄の米軍基地は、必要があるから存在するんじゃない。存在するからその必要性についての根拠をどこからか捜し出してくるんです。話の順序が転倒している。だから、「基地の必要性がない」ということを僕たちがいくら現実的根拠に基づいて論証しても無駄なんです。そんなことは先方こそ百も承知なんですから。

白井　まさにニーチェの言った「遠近法的倒錯」ですね！

内田　キューバのグァンタナモ基地と同じです。米西戦争のどさくさに紛れて、アメリカはこの海岸一帯をキューバ政府から租借して、そこに恒久的な基地を造営した。キューバ政府は返還を求め続けてきたけれど、むろんアメリカは応じません。そして、租借料年間四〇〇〇ドル（四〇〇〇万ドルじゃないですよ！　ただの四〇〇〇ドル）を支払っているから「合法的だ」と言い抜けて、今も基地を維持している。キューバに基地を保持しなければならない積極的な必要性なんか実はアメリカにはないんです。でも、手放さない。グァンタナモ基地は国際法もアメリカの国内法も適用されず、米軍法だけしか適用されない治外法権です。だから、そこでどれほど非人道的な人権侵害がなされても、それを制御する法理が存在しない。だから、テロリスト容疑者の拷問がし放題になっている。

白井　この間非常にはっきりしてきたことは、沖縄の米軍基地の維持を最も強く望んでいるのは、アメリカ政府よりもむしろ日本政府なのだという事実です。沖縄基地に駐屯している第三海兵遠征軍は、アメリカ国外に司令部を置く唯一の海兵隊とされますが、今や常駐部隊はごく少なく、ほとんどがローテーションで来ているだけです。純軍事的な視点で見れば、アメリカ政府にとってあえて沖縄に基地を置く意味はもうあまりない。むしろ中国のミサイルの性能が上がってきたので、沖縄に基地が集中していることはかえって危険になっている。こうした見解はジョセフ・ナイまでもが述べています。

ですから、内田先生のおっしゃったとおり「存在するからその必要性についての根拠をどこからか捜し出してくる」ことがどのように行なわれてきたのかを吟味する必要があります。

一九六〇年の安保改定の時、日米は、いわゆる極東条項において、条約レベルで在日米軍基地の存在理由に言及しています。六〇年安保改定までの解釈としては、「日本は憲法上戦争放棄している。これは実に正しい態度なのではあるが、現実に世界にはまだ武装している国は多数あり、実際に戦争も起きている。このような状況の下で、軍備を放棄して侵略に遭ったらどうするのか。そのときにはアメリカに守ってもらうというかたちにしよう」という解釈で、ある種の過渡期的措置として、平和憲法と日米安保を整合させていました。

ところが日本政府は安保条約の一方で自衛隊をつくって、実質的な再武装を始めた。そして六〇年安保改定では、条約改定によって、「日米同盟は今後も、半永久的に続けていく」と定めた。

つまり「軍備を持たない代わりに守ってもらう」というかたちから、「軍備がある国同士が協力し合う」というかたちに変わった。それにより「これでは軍事同盟ではないか。これはおかしい、安保条約は戦争を放棄したという憲法の条文と矛盾している」という状態になったわけです。

そこで極東条項というものを作った。極東条項によって、「在日米軍は日本を守るためだけに存在するのではない。極東地域全般の秩序の安定のために存在するのだ」という内容を付け加えることで、在日米軍基地の存在意義が多重化された。

この条項が国会で論戦の材料になりました。「そもそも、極東というのはどこからどこまでを指す言葉なんだ」という疑問が出されて、当時の岸信介は答弁に苦しんだ。地球は丸いですから、西、東という概念は実は融通無碍で、地球の裏側だろうと極東と言えないこともない。

その後の歴史を振り返ると、一九九〇年前後に共産圏が崩壊し、日米安保の存在意義を再定義しなければいけなくなった時、利用されたのがこの極東条項の考え方だった。今度は在日米軍は、「アジアから中東までをカバーし、その秩序を維持するために存在する」ということになった。つまりそれは、パックス・アメリカーナを運営するための装置と位置づけられたわけです。

このように在日米軍は、状況が変わるたびに次々と、表向きの存在理由を変え続けてきた。その中で終始一貫しているものが何であったかと考えると、「日本の特殊な対米従属体制を護持するため」という理由が浮かび上がってくる。言い換えれば、「日本をアメリカの属国とし続けるために、在日米軍の存在が必要なのだ」ということです。なおかつ、皮肉にも、一九五一年の安保条約が明白な占領軍の駐留延長のための条約であったのに比して、六〇年の新安保は相対的に対等な立場とした一面がありますが、今となっては、在日米軍の占領軍的性格が回帰してきています。それもこれも、冷戦構造が崩壊したにもかかわらず、冷戦構造という条件によってのみ存在を許された権力がいまだに権力の座に居座っているからにほかなりませんが。

内田　属国としての立場を受け容れ、「この仕組みに同意します」と誓言した者だけがこの国の支配層を形成することができる。それが戦後七〇年経った日本の支配構造として安定してしまった。

この支配の構造を存続させる上で、米軍基地の存在は確かに〝効いている〟と思います。沖縄以外の基地も、たとえば日本の首都の空域は横田基地の米空軍が支配している。それを日本人はことあるごとに思い知らされる。別に横田に基地なんかある必要はもうないんです。実際にそばを通るとわかりますけれど、もう飛行機なんかろくに配備されていないし、広大な住宅地域にもほとんど人気がない。でも、そうだからこそ、この無人の米軍基地の無用のプレゼンスこそがアメリカが属国日本の宗主国であるという事実を圧倒的なリアリティを持ってアピールしている。そういうものなんです。それは昔の王侯貴族が無為徒食の居候を何百人も寄宿させていたのと同じです。無駄なこと、意味のないことができるというのが特権の本質なんです。必要不可欠なものだけで構成されている宮殿は決して「豪奢」なものには見えない。不要不急のものに莫大な財産を蕩尽できるのが権力者なんです。米軍基地だって、毎日忙しく兵隊さんが立ち働いている姿がフェンス越しに見えて、朝から晩まで戦闘機が離着陸していたら、「それなりに軍事的に意味のあることをしているんだろう」と僕たちだって思ってしまうでしょう。でも、何もしていない。ときどき訓練でバカでかい音を出して周囲を威圧するだけ。そうすると、地域住民は「無意味な基地のために広大な敷地を提供して、無意味な騒音に耐えている」という事実に直面せざるを得ない。「われわれは属国民だ」という事実を受け容れざるを得ない。

白井さんが指摘するように、在日米軍基地が存在している理由は、地政学的なものではありません。日米間の外交上の象徴的な意味を持たせられている。基地がそこにあって、日本領土のど真ん中にオフリミットの土地がある。それが日本国家のさらに上位に日本を支配している治外法権的な存在があるということを語っている。「日本は属国で、アメリカはその宗主国である」という事実を無言のうちに繰り返し誇示している。米軍基地は、その事実を暗黙のメッセージとして七〇年間、日常的に日本人に伝え続け、刷り込むための装置として存在しているのだと思います。

白井　同感ですね。象徴と言えば、米軍住宅の特徴は、その空間の使い方が完全に「アメリカ流」になっていることです。広い庭、広い道路、芝生の植えられた広々とした空間にポツンポツンといった感じで家が建っている。フェンスのこちら側では、もちろん家がギュウギュウとひしめくように建っています。この景色を見てなお、日米同盟は両国の心からの信頼と友情に基づくものだ、という建前を信じる者はバカ者としか言いようがない。日本はアメリカにとってあの戦争の戦利品なんだなとつくづく感じざるを得ません。

ところで、国会で山本太郎議員が、「安倍政権の目玉政策はアーミテージ・レポートの引き写しではないか」と追及したことがあります。その指摘はまったく正しいわけですけれども、それを聞いたときの他の議員たちの反応が象徴的でした。「それを言ったらおしまいだろう」とでもいう雰囲気で、妙にシラケたものでした。「そんなことぐらい、国会議員ならみんな知っている。知っているけれどそれを口に出さないことで、俺たちは国会議員ごっこ、政治家ごっこができるんじゃないか。それなのに、お前は何を野暮なことを言ってるんだ」という反応で、「日本はアメリカの属国である」という状況を完全に容認してしまっている。「こいつらが日本国民の代表なのか」と思ったら、猛烈に腹が立ってきましたね。

主権回復と否認という病

内田　「日本は主権国家ではない。だから、国家主権の回復が急務なのだ」という議論は少し前までは江藤淳ぐらいしか言っていなかったと思います。

白井　はい、左派やリベラルにも、そうした論点は長らく欠けていました。

内田　『9条どうでしょう』（平川克美、小田嶋隆、町山智浩との共著、毎日新聞社、のちちくま文庫）というのは二〇〇六年刊行の本ですけれど、僕が「日本はアメリカの軍事的属国である」と書いたのはこの本が最初でした。その一行を書くときに、「果たしてこんなことを書いて大丈夫かな。ぼろくそに批判されるんじゃないかな」とドキドキしたことを今でも覚えています。でも、実際には、誰からも何のコメントもなかった。同意してくれる人もいなかったし、反論してくる人もいなかった。みごとに無視された。僕は自分では「虎の尾」を踏んだつもりでいたけれど、実際に踏んだのは「誰もそこに尾があると思っていないところ」を踏んだわけです。

二〇一三年に『プラトーン』や『ウォール・ストリート』を作った映画監督のオリバー・ストーンが広島に来て講演したことがありました。その時に、「日本はアメリカの衛星国（Satellite State）であり、属国（Client State）である。日本の政治家はただアメリカの使い走りをするだけである。アメリカの言うことをきかない政治家はすぐにホワイトハウスによって首を切られる。だから、日本の政治家でかつて国際社会に対して指南力のあるメッセージを発信した人間は一人もいない」と言い切りました。ずいぶん思い切ったことを言う人だなと思いました。これはかなり物議を醸すだろうと思った。ところが、まったく話題にならなかった。新聞もテレビも無視した。アメリカの映画監督オリバー・ストーンが広島に来て講演をしたということまでは記事にした。でも、その「属国発言」については完全にスルーした。これはおかしいでしょう。オリバー・ストーンの言うとおりだと思うなら、「そのとおりだ」と書けばいいし、間違っていると思うなら、「ふざけたことを言うな、日本は立派な独立主権国家であり、アメリカの属国などではない」と書けばいい。でも、日本のメディアはただ無視した。日本がアメリカの属国であり、主権国家ではないというのは、日本人にとっては当否を論ずべきトピックではなく、そもそも「話題にしてはいけないこと」なんだということがその時にしみじみ身にしみました。

白井　病は深いですね。まさに「否認」です。知っているけれど現実として認めていない。しかも徹底していますよ。これはきっと「タブー」とも違うのでしょうね。日本＝属国という話がタブーならば、これを口にしているわれわれは猛反発を受けるはずですが、受けない。まさにそんな話などないかのように振る舞う。ですから、「属国であることを否認している属国」という点に、日本の対米従属の特異性があるのだろうと思うのです。

たぶん、この否認を続けるために、膨大なエネルギーが社会全体で無駄に費やされています。目の前に突きつけられている事柄を否定するのは大変不自然なことで、こういう不自然なことをやるのは手のかかる事業なんですよね。安倍自民党流の改憲なんていうのはまさにそうした事業の典型でしょう。安倍政権のような権力が「自主」憲法を口にするなんてこの上ない笑い話。オリバー・ストーンの指摘を無視することに特にコストがかかるわけではありませんが、改憲運動には途轍《とてつ》もないエネルギーが投じられてきたわけで、本当に不毛なことです。

でも、日本で普通に生きていると、この異常な状態が常態になっているので、違和感を持てないのでしょうね。自分自身の過去を振り返ると、僕が「国家の独立性とは何か」という問題を考えたきっかけの一つは、海外留学でした。僕は一九九九年から二〇〇〇年にかけてロシアに留学し、外国人のためのロシア語クラスに入れられていたんです。そこには日本人以外にいろいろな国から来た学生がいたんですが、その中に中国人の女性がいた。授業中政治の話題が振られたときに、彼女が日本について、「日本は独立国ではない。主権国家ではない。なぜならアメリカに占領されているからだ」と言ったんです。そのときはびっくりしたのと同時に腹が立ちましたが、適当に受け流しました。腹立ちの原因を分析してみると、大して親しい間柄でもないのにそういうことをいきなり言うのは人として無礼ではないかということが一つありますが、当時の僕は、「お前の国は主権国家ではない」と言われてムキになるのは大人げないことだ、と感じるのが戦後民主主義・平和主義の成果だ、と考えました。しかし、その後この経験が何だったのかを突き詰めて考える機会はなかなか来なかった。鳩山政権の挫折などを経て、そのように脳内で国家主権の概念を相対化するだけでは済まされない現実があるということについて、本腰を入れて考えるようになったわけです。

国家主義というものから距離を置き、常に懐疑的・批判的なポジションをとるという見識は、間違いなく戦後民主主義の成果でしょう。しかし、外から日本を見ている人たちと議論する場合には、自国の独立性や国家主権の在り方について、客観的現実に対する認識を前提に置かなければ議論になりようがない。やはり、これらについて自分を含む日本人一般があまりにも考えずに来たことは間違いないでしょう。

「結局のところ日本は、アメリカの庇護の下にあるから、独立とか主権とか考えなくて済んだのでしょう。そんなのはしょせん、ぬるま湯の中に浸かりながら『気持ちいいね』と言っていただけでしょう」と言われれば、「はい、そのとおりです」と言うしかない。今の日本の惨状を見るに、それが事実だと思います。

ではどうやって、そこから目を背けてきた日本の戦後思想を立て直すのか。それは今、日本の思想界における非常に大きな課題になっていると感じます。

内田　一九七〇年代ぐらいまでは、保守政権の政治家の中でも、属国という事実をことあるごとに言挙げするまではせずとも、なんとかその屈辱的な立場から離脱し、主権国家になりたいという思いはあったと思うんです。結党以来の自民党の自主憲法制定運動にしても、根本にあったのは「主権国家に戻りたい」という素朴な願いだったと思います。七二年の日中共同声明でも、田中角栄はアメリカの許諾を得ることなく外交交渉を行うのは主権国家なら当然の権利だという明確な意思表示を行った。だからこそ、大統領補佐官（後に国務長官）だったキッシンジャーはこのとき「田中は絶対に許さない」と言ったんです。日中の国交回復は、その前にニクソン訪中と米中の和解があった後の話ですから、文脈的にはいずれアメリカから「日中の国交回復を進めるように」指示を出すことは明らかだった。だから、政策的に田中がアメリカに不利益になることをしたわけではない。問題は、日本政府がアメリカの許諾抜きに独自外交を展開したということだった。日本は主権国家じゃないんだから、アメリカの許諾なしに勝手に外交をすることは許さない、と。米上院から始まったロッキード事件による田中の失権は日本が属国的立場から離れようとすると何が起きるかを日本の官民に明らかにした。そして、この日中共同声明が日本が主権国家としてふるまった事実上最後の機会になった。

田中角栄が潰された後、日本は「外交がダメなら、今度は経済で行こう。経済でアメリカを凌駕し、圧倒的な経済力を背景に、アメリカから相対的なフリーハンドを勝ち取ろう」という方向にシフトした。迂回的ではあるけれども、なんとかアメリカと「五分の勝負」に持ち込みたいという素志は日本人全体にひそかにあったと思うんです。

白井　「いつまでも属国のままでいいはずがない」という考え方を持っていたのは、首相でいうと大平正芳さんまでじゃないでしょうか。その後、中曽根康弘政権になってからは、もうそういう気持ちは消えていたような気がします。

内田　中曽根さんが「対米従属を通じての対米自立」という吉田茂以来のトリッキーな国家戦略を人格的に体現してみせた最後の総理大臣だったような気がします。「主権国家になるためにはアメリカから〝ベストパートナー〟として認知されるしかない」と信じて、アメリカにすり寄っていった。あのときの〝ロン・ヤス〟関係というのが一つのターニングポイントだったんじゃないかな。中曽根さんまでは「対米従属を通じての対米自立」という論理矛盾を個人的な葛藤として、身をよじるようにしながら、なんとか身一つに収めたけれど、それから後の政治家にとって、それはもう葛藤ではなくなった。葛藤するだけの〝容量〟が政治家になくなったからです。そして、気がつけば、迂回的な手段であったはずの「対米従属」そのものが、いつの間にか国家目的にすり替わっていた。

天皇の上位にあるアメリカ

白井　「ベストパートナーとして認知されたい」という欲望のあられもない表出ですから、あの「ロン・ヤス」という言葉には、虫唾が走るのです。これの延長線上で、小泉純一郎氏はプレスリーの物真似に興じてみせた。今の政界では、こういうスタンスが当たり前のものになっていますね。中曽根政権は今から振り返れば東西対立の終わりが視野に入ってきた頃であり、日本が対米従属している合理性が失われるようになったターニングポイントに歴史上位置しています。まさにこのときに、「アメリカは日本を愛してくれているのだ」という幻想が打ち立てられなければならなかったのではないか。「ロン・ヤス」というのはその象徴なのです。こうして、従属の合理性が失われたのにそれを続けたから、「従属するために従属する」状態へと堕《お》ちていった。

愛してくれるので忠誠を尽くす。安倍政権が国民の猛反対を受けながら安保関連法案に固執する様を見ていても、「いったい誰に忠誠を捧げているのか。誰が見ても国民ではなくてアメリカを向いているだろう」と感じます。尊皇攘夷ではなく尊米攘夷ですね。中曽根時代には攘夷の対象となる夷狄《いてき》としてソ連があったのですが、なくなってしまったので、中国を当てはめたいなというわけです。

佐藤優さんとお話をしていて爆笑したことがあります。本人がなぜ自分が逮捕・起訴されることになったかを端的にこう説明したのです。「僕だってね、全然対米従属派だよ。『日米安保体制、これは日本外交の基本、堅持するべき』って言ってたんだけどね。外務省主流のアメリカ追随派はこう思ったらしいんだな、『お前の言葉には真心を感じない、口先だけだ』。で、真心を感じてもらえなかったから牢屋に行く羽目になった」。そうです、まさにこの「真心」の問題なんですね。

ですから「第二次大戦後、日本の天皇はアメリカになってしまった」というのが僕の持論なんです。日本の天皇より上位にワシントンが君臨するようになって、そちらが事実上の天皇になってしまった。これは、普通の支配国／従属国の関係ではありません。この状態は単に政治的な問題に留まらず、日本国にとってそれこそ本朝開闢以来の霊的な危機でもあると思うんです。

二〇一五年夏の安倍首相による「戦後七〇年談話」も、最大の読み所はまさにこの特殊な属国意識の表出でした。先の大戦について、『新しい国際秩序』への『挑戦者』となっていった」と総括している。聞きながら、「あの戦争についての反省を述べるにあたってあまり使わない言い方だな」と思うと同時に、「どこかで聞いたことのある言い回しだな」とも思ったんです。実は日本政府が領土問題に関して、ロシアや中国を批判する際に使っている言葉と同じなんですね。そういう場合に「国際秩序に対する挑戦者になるつもりなのか。けしからん」というかたちで使っている。戦後七〇年談話では、そういう言葉で歴史の総括をして、最後にもう一度、「今後、日本は平和国家としての歩みをより強固なものにしていく。二度と再び国際秩序に対する挑戦者になってはならない」といった趣旨のフレーズを述べて結びにしています。

今の世界で「国際秩序」と言ったとき、それが具体的に何を指すのかと考えると、それは揺らぎつつあるとはいえ、パックス・アメリカーナ、アメリカの軍事力を背景とした国際秩序ということでしょう。七〇年談話ではこれに対する反逆、すなわちアメリカに敵対することと自体が犯罪だと言っているわけですよ。これは本来右翼が激怒しなければならない話です。現在のパックス・アメリカーナこそ、近衛文麿が言ったところの「英米中心の世界秩序」の延長戦上にあるものなのですから。かつて日本はその英米中心の世界秩序を排して、東亜新秩序の建設をめざすと言って、戦争を始めた。それが大東亜戦争の大義だったわけです。

でも今や、その当時掲げた大義自体が犯罪的だったと総括し、そのような犯罪を二度と犯してはいけないと宣言している。守るべきものはアメリカ中心の秩序であり、それを冒そうとする行為は大逆罪、国体の否定だということです。まさに「天壌無窮の国体」という概念がぴったり当てはまる表現です。

内田　なるほど。「大東亜戦争はパックス・アメリカーナに対する挑戦だったから間違っていた」という総括になるわけですね。確かに、こんな言葉は属国の統治者しか口にしないものです。

白井　普通の属国では言わないですよ。日本の場合、天皇制を前提にした属国で、その天皇がアメリカに置き換わったことで、こういう発言が出てくるわけです。

安倍首相個人の発言だけではなく、ここ一〇年、二〇年ぐらいの間に政府系の機関が発表している文書の端々からも、対米関係が絶対化され、アメリカが天皇化していることが窺えます。内閣府の安全保障関連の文書などを見ていくと、「日米同盟はわが国の安全保障の前提である。これをさらに強化しなければならない」と書いてあるわけです。二〇年前にそう書いて、一五年前にもそう書いて、一〇年前にも五年前にもつい最近も同じことが書かれている。どれだけ強化したら気が済むのか。これらはいわば「日米同盟は天壌無窮である」という、国体をことほぐ一種の祝詞に他ならない。

ただ日米間にそういう関係があるということは、ある側面では仕方がないとも言えます。すべては戦争に負けた結果なわけですから。

内田　そうなんです。負けたから。これはどうしようもない。

白井　日本側の最大の問題は、日本がアメリカの属国であるという現状を肯定しながらも、その原因となった敗戦という事実を、意識の中でちゃんと認めていないということですね。ですから、『敗戦の否認』こそが、戦後日本人の歴史意識の核心にある」と僕は再三述べているわけです。それを純粋に体現しているのが安倍首相です。対米従属路線をひた走りながらも、「日本が負けてこうなった」という歴史認識を否定しようとする。しかし彼のような思考が日本人の圧倒的多数の世界認識を代表している以上、安倍政権が高い支持を受けることは、ある意味、当然なのかという気もします。

「敗戦の否認」がもたらす大きな問題は、それによって日本人が、自らが置かれた状況を正しく認識できなくなってしまったということです。「主を畏るるは知恵の始まり」と言いますが、「日本は敗戦の結果アメリカに従属している。今も従属状態にあるんだ」と意識していれば、「では、どうやってその中で生き抜いていくのか」という知恵も出てくるわけです。しかし今の日本ではその従属の自覚というものが失われている。その結果、生き抜くために必要な知恵までなくなっている。

内田　国家主権がないということを前提にすれば、「では、どうやって主権を奪還するのか」という具体的な問いが主題化される。でも、主権がないのに「ある」という話になっていて、みんながそれを信じているふりをしている限り、主権の奪還の手立てがない。正確な現実認識に基づかなければ、現実改革なんかできるはずがない。でも、現実認識が狂っている。

白井　本当は主権がないのであれば、あるべき主権を確立しようとするのが、本来の意味でのナショナリズムであり、民主主義の帰結するところでしょう。民主主義という言葉に言及する理由は、最低限の対外的主権なくして「民衆による自己決定」はあり得ないからです。どれほど民主主義的に理想的なプロセスを経て物事を決めることができるとしても、決定の効力を及ぼすことのできる領域がどこにもないのならば、決定自体に何の意味もない。そういう民主主義的な主権奪還の独立論が、日本でこのところほとんど起きていないというのは、ある意味驚くべきことですね。右派は、主流の親米保守からは絶対にそうした発想は出てこないし、左派はと言えば、かつては日帝自立論・従属論の対立などがありましたが、いまや忘れ去られた論点になってしまいました。

内田　冷静な現実認識ができなくなったことと、日本政治の劣化は完全に相関していると思います。主権問題を直視しなくなったことで政治が劣化していったのか、政治が劣化したから主権問題が見えなくなってしまったのか。鶏が先か卵が先かはわかりませんが、いずれにしても、安倍、橋下といった、昔だったら決して政治の世界に出てこられないような人たちが表舞台に浮かび上がってきているのは、政治を取り巻く歴史的条件が決定的に変わったことの反映でしょう。ああいうシンプルな「夢物語」をぺらぺら語る政治家たちが大衆の心を掴み、まっすぐ痛苦な現実を見つめようとする人たちの言葉は取り上げられることがなくなった。

そんな知性的に劣化した政権がそれでも高い支持率を維持していられるのは、宗主国であるアメリカがそういう安倍政権を「自国の国益増大にとって有利な政治体制」として評価しているからです。アメリカは国力の衰微によって〝世界の警察官〟の責務を断念せざるを得なくなっています。そして、国際的なリトリート（撤退・縮減）戦略に転じた。その〝手じまい〟のプロセスで、日本に対しては「対中国のフロントラインに立ってもらいたい。応分の軍事的負担をしてもらいたい」と考えるようになった。アメリカだって一枚岩ではありませんから、それがアメリカの総意だとは思いませんが、少なくともジャパン・ハンドラーたちはそう言ってきた。

安倍首相本人に対しての評価もアメリカ国内では分かれていると思うんです。『ニューヨーク・タイムズ』に見られるような「アメリカとデモクラシーの価値観を共有できない、極右の歴史修正主義者」という否定的評価と、ジャパン・ハンドラーに代表される「アメリカのあらゆる指示を唯々諾々と聞いてくれるイエスマンの政治家」というプラス評価が拮抗している。歴史的条件の変化に応じて、評価の針がプラスに振れたりマイナスに振れたりする。今のところは、首相の「本質的に反米的な政治思想」がもたらすデメリットよりも、首相の「表層的なアメリカ追従政治」がもたらすメリットのほうが大であると判断しているので、ホワイトハウスは安倍首相を支持している。アメリカ政府はそういう点では徹底的にプラグマティックですから。国内的にはどんなに強権的で、反民主主義的であっても、アメリカの国益を増大することに協力する政治家ならいくらでも支援する。べトナムのゴ・ジン・ジエムも、フィリピンのマルコスも、インドネシアのスハルトも、パナマのノリエガも、アメリカの役に立つ限りは支援を惜しまなかった。安倍晋三に対する支持もそれと同種のものだと思います。

敗戦しなかったイタリア

内田　しかし、戦争に負けるというのはほんとうにつらいものですね。七〇年談話を聞いても、しみじみそう感じます。安倍首相がいくら敗戦を否認しようとしてみても、結局は戦争を総括した場合は「私たちが間違っていました」と言わなければならない。敗戦国はみなそうですけれども。その点では、日独伊三国の中では、イタリアが比較的恵まれているように思います。というのも、イタリアの場合、第二次大戦は形式的には勝って終わっているから。

白井　自力でムッソリーニを始末しましたからね。

内田　そこまではなんとか自分たちでやりましたから。あまり知られていませんが、イタリアは一九四五年の七月には日本に対しても宣戦布告しているんです。ですから、国際法上は戦勝国として終戦を迎えたことになる。ただ、実際には、勝ったとはとても言えない。国内は内戦の戦場になったし、連合軍とドイツ軍の戦場になった。たしかに結果的にイタリア領内からドイツ軍を追い出しましたけれど、主力はイタリア王国の正規軍ではなく、アメリカを中心とする連合国軍だった。だから、戦後も敗戦国のような顔をして、ぐったりと戦後世界を生きてゆきましたね。『自転車泥棒』とか『無防備都市』とか、あの時代のイタリア映画を観ると、イタリアの市民生活はボロボロですから。でも、それがよかったとも言える。イタリアは戦争を総括するときに、分かりやすいシンプルな物語に回収できなかったからです。「勝ったような負けたような……」、まあ、とにかくえらい目に遭いました」という曖昧な、その分だけリアルな感じで戦争経験を受け止めた。だから、徹底的に戦争責任者を糾弾したというわけではない。何しろムッソリーニの時代が二三年も続いたわけですから、政官財界も学界もジャーナリズムの世界も、指導的な立場の人々のほとんどはファシスト政権に程度の差はあれ加担していた。だから、グラムシやトリアッティのようにムッソリーニの時代に亡命していたり、投獄されていたり、パルチザンとしてファシストと戦ったという明らかな政治勢力を除くと、「私の手は白い」と言い張れる人はイタリアのエスタブリッシュメント内部にはほとんどいなかったと思います。「まあ、みんな程度の差はあれ、手が汚れているんだから、あまりうるさいことを言うのは止めようよ」というゆるい感じで戦後社会にずるずると入っていった。僕はそこに何となく好感を抱くんです（笑）。「戦争責任をきびしく総括し、そこから次世代へ伝える教訓を引き出さなくてはならない」というような悲壮な決意がイタリアからはあまり感じられない。理論的に整理して、戦争に〝片を付ける〟ということをしないで、戦争経験を生のまま、そのままその辺にごろんと放り出してある。そういうイタリア人の戦争総括の仕方の方に僕は何となく健全なものを感じるんです。

白井　戦後イタリア史については全く詳しくないのですが、第二次大戦時の体制との断絶が人的レベルで曖昧だという点については日本に近い部分も多かろうという印象を持っています。そのことが現代のイタリアの右翼運動にまでつながっているわけで、この点実に近いでしょう。ただやはり、自力解放の神話をつくれるくらいには、強力な反対派が残っていたというところが大きな違いなのではないでしょうか。

内田　そうですね。戦争の負け方にイタリアは〝味〟がありますよね。ドイツや日本のように、国内が打って一丸となってしまうとダメですね。挙国一致で国論が一致してしまうと、負けるときにもバケツの底が抜けたように徹底的に負けてしまう。戦時でも、国内に拮抗する勢力があって、絶えず戦争指導部と葛藤している場合には、負けるときも総崩れ的な負け方はしない。

フランスはペタンのヴィシー政権とは別にロンドンにド・ゴールの自由フランスがあったし、イタリアも国内にパルチザンがいたし、イタリア国王はかなり問題の多い人でしたけれど、それでも反ムッソリーニ勢力をとりまとめるときの統合軸にはなった。そういう国内的な対抗勢力の存否によって、負け戦で傷の深さは変わってきます。〝負けしろ〟を残そうと思うなら、国内にそこそこの〝まつろわぬ勢力〟が存在することが必要なんです。それが敗戦から僕らが学んだ教訓の一つですね。

白井 日本の場合、左翼が弾圧され、さらには自由主義者も黙らされ、軍隊内では二・二六事件で陸軍の派閥抗争が終わってしまいました。

内田 そうですね。あの後も、軍内部で戦争指導方針について厳しい対立が続いていれば、終わり方も違っていたかもしれない。党派的な対抗心からでも、「こんな戦争の仕方ではダメだ」と言い張り続ける人がいたら、場合によってはもっと早い時期に、ミッドウェー海戦の敗北のあたりで、「もう戦争は負けだ。これ以上国力を損耗しないほうがいい」というプラグマティックな判断を支持する流れが出て来たかも知れない。でも、そうならなかった。吉田茂や木戸幸一内大臣はミッドウェーの直後にすでに連合国の講和のプランを練っていますけれど、それを物質化できるだけの政治力がなかった。だから、最大の問題は、日本国内に戦争方針に異議を唱えることのできる勢力がほとんどなかったことなんだと思います。わずかに中野正剛や石原莞爾くらいしか名前が思いつかない。

白井 そうですね、まさにそれが戦争が無駄に長引き、犠牲者が増えていった直接の原因でしょう。そのくせ、陸軍と海軍の激しい対立に象徴されるように、本当にまとまっているわけでもない。さりとて、もういよいよ敗戦確定なのにズルズル戦争を続けている状態に対して、反逆を起こすわけでもない。で、玉音放送が流れたら、今度は徹底抗戦する勢力も出てこない。

内田 そうなんです。葛藤する対抗勢力が体制内部にビルトインされていないんです。今の安倍政権がその典型ですね。内的葛藤ができない。内的葛藤を許容して、そこからイノベーションを生み出すだけの器量がない。組織内に異物が混在していることが組織の健全を担保するのに、日本人はすぐに組織を純化し、異物を排除しようとする。一枚岩の組織が一番強くて効率的だと信じている。そうやって、組織が環境の変化に対応できなくなって、滅びる。それが日本的組織の弱点ですね。いい加減学習すればいいのに。

白井　さりとて本当に一枚岩になるわけでもないところに特徴があるように思います。対立はあるのだけど、そこから何かを創造するわけではない。あの戦争のとき、南進論と北進論が軍部内で対立した結果、出てきた結論が「南北併進論」。両論併記でどっちつかずの最悪の決定を下したわけです。これ得意技なんでしょうね。今でも新聞社などが単にだらしのない両論併記を「客観報道」と称して載せているのを見ると、何の進歩もないことがよくわかります。

戦争終了後にアメリカが日本国内で発見したわずかな「対抗勢力」が幣原喜重郎や吉田茂といった外務省ラインだった。一九四五年に吉田は終戦工作を図った廉で逮捕されますが、そのことが言うなれば勲章となって、アメリカから信頼を寄せられるようになったわけです。しかし、後にジョン・ダワー氏の『吉田茂とその時代』（中公文庫）などが考察していることですが、吉田のヴィジョンが帝国主義時代の保守エスタブリッシュメントの価値観を超えるものであったのかといえば、そんなものではない。対米英開戦直前期の吉田は在英大使を務めていましたが、そのとき彼がやっていたのは、イギリスに対して「われわれは適当なところで妥協して中国からの利益を分かち合おうじゃないか」という説得でした。このときイギリスはすでに、「先進工業国が後進国の政治的独立を認めず直接植民地支配できる時代は終わった」という認識に移行していますから、説得は通じなかった。こうしたエピソードからしても、暴走する軍人たちに対する吉田茂の嫌悪は確かなものだったとしても、だからといって戦後の新時代の指導者としての適格性を十分に満たしているとは言えない。言い換えれば、外務省ラインにしても対抗勢力と呼ばれるに値したのか、相当にあやしいということです。

内田　その点で言えば、アメリカが「国内的な葛藤を許容する力」では世界でも群を抜いていますね。これはうらやましい限りです。アメリカが環境の変化に対して対処する力がきわめて高いのは、〝メインストリーム〟に対抗する〝カウンター〟がつねに存在するからだと僕は思っています。メインカルチャーに対してはカウンターカルチャーがある。本流の政治勢力に対してはいつでも政権交代できる対抗政治勢力があって、本流で何か問題が起きると、〝カウンター〟からの補正の動きが入る。ウォール・ストリートがのさばりすぎると、バーニー・サンダースのような人が出てくる。この補正の動きが、国際社会においてはアメリカに対する「取り付く島」でもあるわけでね。

白井　よく「民主主義社会には多様な意見が許容されることが必要だ」と言われますよね。この「常識」は、実は怪しいものです。なぜなら、多様な民衆が「一者」となって決定するという原理もまた民主主義だからです。かつてカール・シュミットがこの矛盾を衝きました。ですから、民主主義のために多様性を擁護するという理論はそう簡単には整合性が取れない。シュミットが言うように、多様性の重視はむしろ自由主義的な原理です。しかし、この場合の多様性の許容とは「気に食わないけど我慢してやる」という消極的な寛容の原理以上にはなかなかなりません。もっと積極的に多様性を擁護するためには、共同体の存続のために必要、と言うべきなのではないでしょうか。ある共同体の中心的原理や勢力が破綻したとき、同じ共同体に別の原理や勢力が並存していて、それが浮かび上がる。そうすれば、その共同体は生き延びることができます。

トランプ、サンダース対ウォール・ストリート

白井　今度のアメリカ大統領選でおもしろいのは、おっしゃるとおり、ウォール・ストリートを強く批判している候補が健闘していることですね。先日、堤未果さんとお会いする機会があったので、そのことを聞いてみたんです。

かつてアメリカでは、コミュニタリアンとリベラルが延々と論争した結果、お互い「相手の言うことにも一理あるな」ということになって、リベラルのほうはコミュニタリアン・リベラルに、コミュニタリアンのほうはリベラル・コミュニタリアンになったという、笑い話のような経緯がありました。何が違うのかわからないのです。その話を僕がしたら、彼女が「アメリカには『コーポレート・リベラル』という言葉があるんです」と教えてくれました。

コーポレート・リベラルという言葉の意味は、「オバマにしてもクリントンにしても、両

方とも企業とつながっている。財界を絶対裏切ることができないリベラルである」ということなんですね。

内田　ところが今回の大統領選ではトランプは、「俺はウォール・ストリートからカネはもらっていない」と言ってますね。「あとの連中は全員、ウォール・ストリートからカネをもらっているけど」って（笑）。

白井　トランプは大金持ちだから、自己資金で選挙戦をやっているんですね。彼は、民主党支持者だった時期もあったり共和党支持者だった時期もあったり、両陣営の間をウロウロしていたようです。それが「俺は大統領になる」と言い出して、共和党を乗っ取りに掛かった。そもそも大統領になるためになぜそんなに資金が必要なのかといえば、まず自分の知名度を上げるためにものすごいカネがかかるからです。TVCMなどをバンバン打たなければならなくてカネがかかる。ところがトランプはそもそも超有名人だから、そうしたことにカネを使う必要がない。

一方の民主党の大統領候補者指名選挙で脚光を浴びるサンダースも、もともとは民主党員ではなかったのに、大統領になるために民主党員になった人ですね。彼も「自分はウォール・ストリートとは関係ない」ということを自分の旗印にしている。だからサンダースとトランプは、政治スタンスは真逆に見えるけれども、実は「反ウォール・ストリート」という大きな共通点もある。

その意味で今回、大統領選で起きた異色候補の躍進は、企業支配に対する市民からの異議申し立てであると思うんです。ウォール・ストリートにかかわっていない人々の代表として、サンダースとトランプが出てきて人気を集めている。アメリカでは一時「もし大統領選の本選がトランプ対サンダースということになったら、第三の候補が立つだろう」と言われていました。つまりアメリカ政界における既得権益層、すなわちウォール・ストリートとつながった民主党と共和党の本流同士が党派を越えて団結して、「あいつらには、どっちも大統領をやらせてはならん」ということで、第三の候補を出してくるだろうというのが、もっぱらの噂でした。「出てくるとしたら、それはおそらくニューヨーク市長だったブルームバーグではないか」とも言われていた。もし実現していたら非常におもしろい構図で、「これぞ企業対市民の戦い」ということになっていたでしょうね。

内田　ウォール街対九九％と（笑）。

白井　もちろん選挙戦術としても、そうした形で本選になれば、今のアメリカ政治の本流からすると非常に極端な政策を主張しているように見えるサンダースとトランプ、どちらにも入れたくないという有権者が大量に出てくるはずで、「ブルームバーグのような第三の候補を立てれば、中道の票がごっそり取れるだろう」という目論見もあったわけですが。

内田 いや、その状況でも、漁夫の利をさらうのはなかなか難しいんじゃないかな。民主党、共和党のどちらの候補もウォール街支配を否定している。そこに「それじゃダメだ」と言って第三の候補が出てきたら、それはウォール街の利益代表以外の何者でもない。

白井 はい、もしそうなっていたら、アメリカにおける階級闘争が大統領選で可視化されることになったわけですね。

内田 今回の大統領選を見ると、アメリカは階級闘争の時代に入っているという気がしますね。実際、貧困率は日本よりはるかに高いし、医療保険や生活保護制度も貧弱なので、貧しい人たちは日本以上に苦しい生活を強いられている。貧困に追い詰められた市民たちがフェアで人間的な資源分配を求めている。一九世紀のマルクスの時代の労働者階級の状況と変わらないです。

白井 ピケティのブームにしても、アメリカから始まっていますよね。新自由主義を強力に推進してきた本拠地がアメリカであることは確かで、その意味ではアメリカこそが格差問題の発火点であるわけですが、アメリカ発の階級闘争が世界に波及した後に、それがアメリカに回帰してきたのだともいえる。

しかし、市場主義全盛のアメリカで、もしサンダースが本選に出て勝つとしたら、これまで選挙で主張してきた政策のうち、どのくらいが実現できるのでしょうか。オバマの「チェンジ」「イエス・ウィー・キャン」は相当の幻滅をもたらしたわけですが。

サンダースが注目される中で彼の過去の業績についても着目されていますが、彼は一九九一年の湾岸戦争にも孤独に反対して、誰一人聴衆のいない議場で演説をぶっています。現在ではまだあまり言われていませんが、今日の中東情勢の泥沼化の近い起源は、湾岸戦争であるわけで、これをリアルタイムではっきり批判していたというのはすごい人です。期待したくなります。

内田　相当ゆくんじゃないですか。なにしろ、はっきりと「政治革命をやる」と言っているわけですから。アメリカは社会の可塑性という点では、おそらく今の世界の中で一番です。だから、どうなるかわからないです。予断を許さない。もしサンダースが大統領になったら、日本の保守派はこれから後、どうやって日米同盟基軸を守るつもりなんでしょうね。自民党はトランプやサンダースが大統領になる可能性を少しは考えて、シミュレーションしてるんでしょうか。

白井　全く考えていないと思われます。人脈も共和党のネオコン系しかいないと言われています。

アメリカを見ていると、今の日本の若者はなぜ社会主義に興味を持たないのかと思いますよ。これからは「アメリカで階級闘争が激しくなれば、日本の若い人たちも少しは目覚めるかもしれない」という、情けない話をしなければいけないですね。英国労働党でも、「第三の道」路線導入以降シーラカンスみたいに思われていたジェレミー・コービンが若年層から圧倒的な支持を得て党首になったというのに。

内田　ほんとですね。「社会主義知らないの？　遅れてるね。アメリカやイギリスで今流行ってるんだよ」って（笑）。

でも、あまり知られていないけれど、アメリカにはアメリカで、固有の社会主義の蓄積があるんです。一九世紀にヨーロッパからの移民たちが社会主義の理論と運動を導入してきてアメリカ社会に浸透した。でも、四八年にわたってＦＢＩに君臨した「影の統治者」Ｊ・エドガー・フーバーの反共工作と、ジョセフ・マッカーシーの「赤狩り」によって一九五〇年代に事実上消滅してしまった。一九五〇年代からかれこれ七〇年近く、社会主義運動がなく、社会主義の思想が公然と語られることのなかった国なんです。だから、アメリカの若者にサンダースの主張が新鮮に響くというのは、ありそうなことです。

白井 アメリカ共産党は今もありますね。

内田 アメリカ共産党は一九二一年にできて、当時はかなり巨大な勢力だったんです。

白井 その前にもＩＷＷ（Industrial Workers of the World）といった、ラディカルな労働組合がありましたね。彼らは「議会主義なんてヌルくてアホらしい、直接行動だ！」と主張し、ユニークな実践を繰り広げました。いわゆる、アナルコ・サンディカリズムです。たとえば、組合員の誰かが街頭演説をやって警察に捕まると、みんなでその町に押し寄せて次々に街頭演説を始める。そうするとみんな次々に逮捕されて留置所がいっぱいになり溢れかえって、警察のほうが逆に困る。日露戦争後の幸徳秋水がアメリカに渡ったときにＩＷＷの活動家と交流して強い影響を受けたという歴史もあります。ちなみに、ＩＷＷの絶頂期は二〇世紀初頭で、第一次世界大戦をきっかけに激しい弾圧を受けて衰退してきますが、今も組織として存続しています。

さらに遡ると、「空想的社会主義者」と後に呼ばれるロバート・オーウェンが、本国イギリスでの工場改良、労働者の待遇改善と生産性の向上で大きな実績を挙げてから、理想都市をつくるために向かった先はアメリカなんですよね。一九世紀前半の話ですが、アメリカに到着したオーウェンには国会で演説する機会が与えられて、万雷の拍手を浴びたといわれます。つまり、当時のアメリカで、どれほど社会主義への期待が高かったかということです。

内田 アメリカ社会党は一九〇一年創建で、連邦議会に下院議員を出したこともあるし、大統領選挙に候補者を立てたこともある老舗《しにせ》なんです。でも、当たり前なんですよね。ヨーロッパの社会主義者や労働運動家たちは、ロシアを追われ、ドイツを追われ、フランスを追われ、イギリスを追われ、西へ西へ逃げてきたわけですから、最も過激な活動家たちがアメリカに流れ込んだことに不思議はない。たぶん、ヨーロッパ以上に一九世紀末から二〇世紀初頭のアメリカは左翼の労働運動が強かったんじゃないでしょうか。そういうアメリカの「強い左翼」を徹底的に潰し続けたのがフーバーで、とどめを刺したのがマッカーシー、そういう診立《みた》てを僕はしているんですけど。

アメリカというのは可塑性の高い国だと申し上げましたけれど、それは言い換えると、偶然的な、あるいは属人的な要因によって流れが変わる場合があるということでもある。そういう国なんですよ。妄想的なまでに反共的だった二人の人物のために、アメリカの左翼の伝統は圧殺されてしまったが、七〇年経って、フーバー＝マッカーシーの呪縛からアメリカがようやく解き放たれた。そして、そういう個人的な妄想のバイアスなしで社会主義的な政策の当否を論じられる環境が整った。そういうことなんじゃないでしょうか。

孤立主義に向かうアメリカ

内田　歴史的にアメリカは、拡大をめざす帝国主義と自閉的なモンロー主義がずっとせめぎ合ってきた国です。外交政策でも、〝メイン〟と〝カウンター〟が拮抗し合っている。資本・商品・人がクロスボーダーで激しく行き来するグローバル化を切望するアメリカ人がいる一方で、移民労働者の流入に反対し、国内産業を守る関税障壁を求める人がいる。TPPにしても、自由貿易主義者は賛成するし、業界の利益代表者は反対する。別にアメリカ全体が自由貿易を望んでいるわけじゃない。自由貿易は確かにアメリカの〝国是〟に近いものですけれど、「そのせいでオレの会社が損をするなら、反対」という考え方をするアメリカ人がいるのは当然です。最終的に賛否のどちらに針が振れるかは予測できません。

ただこの後に誰が大統領になったとしても、アメリカの基本戦略が〝リトリート〟であることは間違いないでしょう。国力がそれだけ衰えてきていますから。国力というのは単純に軍事力や経済力だけじゃない。文化的な発信力とか、国際社会の未来についての構想力とか、理想論を堂々と口に出来る倫理的な指南力とか、複数のファクターが絡んでくる。アメリカはまだカネと軍隊という物理的な力では世界一ですけれど、知性的・倫理的優位性という点では一気に劣化してきていますね。

白井　はい。過激発言の目立つトランプにしても、その本音は要するにモンロー主義であり、「アメリカ帝国の店じまい」だという分析がかなり出されていて、それには説得力があると思います。日米安保の解消の可能性もトランプは口にしました。つまり、口先では「偉大なアメリカの復活」を言っているけれど、やろうとしていることはシュリンクだ、と。確かに、トランプはそれをやるのにうってつけの人物です。この間知った最も面白い話は、映画の「バック・トゥー・ザ・フューチャー」の脚本家が、あのいつも下肥まみれになってしまうアンチヒーローのビフ・タネンのモデルがトランプだった、と明かしたことです。確かに似ている！　「事実は物語よりも奇なり」で、実在のビフは「町のボス」どころじゃなく大統領になろうとしている。ビフ大統領誕生ということになると、「偉大なるアメリカ」

という幻影からようやく日本も解放されるのではないか。大体、トランプ陣営の集会の特に初期の典型的な光景は、ルサンチマンをため込んだプアホワイト男性が排外主義的スローガンを熱狂して叫びまくるというものでしたが、この光景そのものが下肥まみれと言うほかありません。

ただし、経済の下部構造の問題を考えると、穏やかな形でシュリンクしてくれるのか、という不安があります。今のアメリカにモンロー主義は実践できるのでしょうか。自由市場、キャピタリズムを原則としているかぎり、モンロー主義で国外からの移民や輸入を遮断しようとすると、恐ろしく乱暴な政治になると思うんです。かつてのブッシュ政権時代にもそういう面があったと思います。

内田　アメリカの場合、モンロー主義といっても実際にはかなり帝国主義的なテイストのものだと思います。あれはヨーロッパ列強に対して「中米、南米はうちの〝裏庭〟だから、ここには手を出すな。その代わり、他のところをあんたたちがどう植民地分割しようとアメリカは関知しない」という宣言ですから。でも、〝裏庭〟というのは大日本帝国が「満洲は日本の生命線」と言ったのと同じで、どこからどこまでが〝うちの裏庭〟なのかについては、かなり恣意的な拡大が可能なんです。アメリカの国益に死活的重要性を持っている地域は全部〝裏庭〟ということになれば、理論上は世界全体が〝アメリカの裏庭〟だということも言える。だから、「モンロー主義を掲げた覇権国家」というのはありうるわけです。別に矛盾はない。

モンロー主義は、一八二三年にジェームズ・モンロー大統領が出した教書に示された外交方針のことですけれど、「アメリカがモンロー主義を放棄したのはいつか？」については諸説がある。諸説があるということは、実は放棄されたことがないという解釈もありうるわけです。アメリカはそのつど状況に応じて拡大主義的にふるまったり、モンロー主義的にふるまったりするというふうに見ておいていいんじゃないですか。

白井　はい、つまりモンロー主義と覇権志向は対立するのではなくて、アメリカにあっては両立するのではないか、という可能性ですね。ブッシュ・ジュニア政権の政治は、まさにその見本のようなものだったとも考えられるでしょう。これはまさしく最悪の政治です。エコロジー運動などではよく、「グローバルに考えてローカルに行動しよう」と言いますけれども、ブッシュ・ジュニア政権のスタイルはその逆で、「ローカルに考えてグローバルに行動する」という代物ですから。

内田　ひどいやつでしたよね。でも、今は共和党も、〝世界の警察官〟の仕事は放棄する方向でしょう。共和党のロン・ポールは「アメリカが安全保障条約を締結している国が五〇いくつかあるけれども、そんなに面倒を見ることはない。同盟国はせいぜい一〇でいい。あとは『自力で防衛しろ』と言って、切ってしまえ」と言っている。これは共和党やリバタリアンからは支持される議論だと思います。ドナルド・トランプも日米安全保障条約はアメリカの負担が多すぎるから見直ししろと選挙キャンペーン中に発言しましたね。そういう考え方はアメリカ国内にそれなりの支持者がいる。これを便宜上「モンロー主義的傾向」と呼んでもいいかなと思います。

今アメリカ国務省内部には「アメリカ帝国縮減プラン」を起案しているワーキンググループがきっとあると思います。アメリカって、「ありとあらゆる場合についての対応マニュアル」を策定する知的能力を非常に高く評価する社会ですからね。「こんな『想定外』を見落としてましたよ」と指摘するとほめられる。その点が日本とまるで逆です。だから、トランプが大統領にならなくても、「どのあたりの国との安全保障条約から解約してゆくか」のリストくらいは作っているはずですよ。

白井　日本もそのリストに入っているのでしょうかね。

内田　どうですかね。アメリカにしてみれば、日本は「防衛の対象」というより「収奪の対象」ですから、そう簡単に安全保障条約は反古《ほご》にはしないんじゃないかな。ただ、所詮は〝シマうち〟ですから、上納金が減ってきたら、アメリカが身銭を切って守ってやる義理はない。

白井 それに対して安倍政権は、明らかに懸命に引き止めを図っていますね。

内田 必死なんでしょうね。あれだけアーミテージにいいように言われて、それでももみ手してアメリカのご機嫌を取っていますから。

白井 アーミテージとナイに勲章まであげてね。涙ぐましい。

内田 日露戦争のときに、ニューヨークの銀行家にジェイコブ・シフという人がいました。この人が日本の戦時国債を引き受けてくれた。その一方で「ロシアの戦時公債は買うな」と世界中のユダヤ人の金融ネットワークに指令を発した。この人のおかげで日本は軍費調達戦でロシアに圧勝した。シフは日露戦争の勝利の最大の殊勲者の一人なんです。だから戦後、明治天皇が勲一等旭日大綬章を贈った。アーミテージに贈られたのはシフと同じ勲章です。どれだけジャパン・ハンドラーが偉いかわかりますね。

白井 なるほど。僕は、第二次大戦で日本への都市空襲を企画立案し、「鬼畜」と呼ばれていたカーチス・ルメイに戦後日本が勲章を出したことを思い出しました。アーミテージもナイも「あれだけお前らをどやしつけた俺に勲章をくれるのかい」という話で、笑いが止まらなかったのではないでしょうか。

内田 アーミテージは南ベトナムの軍事顧問で、サイゴン陥落のときの現場指揮者だったそうです。属国の傀儡政権をコントロールする技術のプロなんです。たぶん南ベトナム政府からたくさん勲章をもらっているんでしょう。

アーミテージ・レポートって、まったくの「上から目線」ですからね。「いいから黙って上納金持ってこんかい。おまえら、二次団体なんやぞ。どこの代紋のおかげでシノギできてると思とるんや、こら」というような態度ですからね。あんな柄の悪いのが「ジャパン・ハンドラー」になっているぐらいだから、アメリカにおける日本の扱いはかなりレベルが低いということです。

白井 日本側の政治家や官僚がどうしようもない腰抜けばかりだから、向こうもまともな人間をカウンターパートとして出す必要は感じなくて、あの程度の人間に相手をさせているんでしょう。

内田 そう思いますね。ただアーミテージに限らず、アメリカは日本がどれほど忠誠を尽くしても、ときどき理不尽なことをやりますね。

白井　九〇年代くらいまではよく、通商問題で強硬な主張を突きつけてきましたね。

内田　プラザ合意とかね。ああいうことも、沖縄の基地や日中共同声明と同じで、リアルな経済問題というよりは「宗主国と属国の体面」にかかわる幻想的な問題なんだと思いますよ。貧しい敗戦国に自由にシノギをやらせていたら、こいつが妙に金儲けがうまくて、属国の分際で宗主国の縄張りに入り込んできて、土地買ったり、会社買ったりし始めた。それがアメリカはむかっと来たんじゃないですか。さしたる瑕疵《かし》もないのに、いきなり怒鳴りつけたり、殴りつけたりするというのは、「どちらがボスか」を思い知らせる上できわめて有効な手段なんです。だから、権力的な関係の中では、部活のコーチと部員とか、ブラック企業の店長と店員とか、そういうところでは日常的に行われている。「おまえには主権がない」ということを思い知らせるためなんです。あれは経済問題みたいに見えるけれど、本質は金の話じゃなくて、主権問題なんです。「お前にはお前の国の運命を自己決定する権利はない。お前の国の運命を決めるのはオレたちだ」というメッセージを改めて告げて、日本人が「はい、そのとおりです。うっかり忘れて増長しておりました。お許しください」と土下座するところを見たいんです。

アーミテージ・レポートもそうですよね。レポートは「日本は一流国になる気があるのか。

二流国でよいのか」と恫喝から始まりますでしょう。理不尽ですよね。「お前、一流国でありたいのか、二流国に転落したいのか、どっちなんだよ」とよその国に恫喝されて、「へえ、そりゃ一流がいいです」とへこへこしているようなものが一流国であるはずがない。

白井　はい、客観的に見ればまさにそのとおりなのですが、安倍首相をはじめとする永続敗戦レジームの主役たちはそれに気づいていないのではないでしょうか。「はい！　一流でありたいです。そのために言いつけを守って頑張ります！」と何の屈託もなく思っているのではないか。

二〇一三年にアメリカが同盟国の大使館や政治家の電話を盗聴していたことが発覚して大騒ぎになりましたよね。ドイツのメルケル首相は激怒して猛抗議した。このときに、アメリカは日本に対しても同様のことをやっていたことをスノーデンが暴露しました。ついに昨年には、ウィキリークスの暴露があって、ＮＳＡ（アメリカ国家安全保障局）が日本の政府関係だけではなく日銀や商社なども盗聴していたことを、アメリカが認めざるを得なくなった。これに対して、日本の政府首脳が見せた抗議の姿勢は本当に型どおりのものにすぎなかった。こうした情報戦は当然行なわれているものだから、真剣に抗議したところで意味はない、というような見方もあるようですが、筋を通すためにメルケルはやはり激怒してみせました。本音ベースでは、今の政府中枢は盗聴してもらって喜んでいるんじゃないでしょうか。「俺たちに関心を持ってくれて盗み聞きしてくれるなんて！」、「こんなに関心を持ってもらえるのは一流国の証で嬉しいな」、と。メディアの報道も実にあっさりとしたものでした。

安倍政権の改憲志向とアメリカの反応

内田　TPP交渉などを見ていると、アメリカもかなり手詰まりになってきていて、同盟国を食いものにするしか打つ手がなくなっているように感じます。だから、ここでずるずるアメリカの言いなりになってしまうと、アメリカはこれから後、もう日本は「食い物」として扱うということで、さらに対応が手荒になってくるんじゃないですか。

白井　堤未果さんもおっしゃっていましたが、「もう国内では搾取の限りを尽して搾取できる対象がなくなってきたので、同盟国からもむしり取るという方向に進んでいる」と。これに対して、日本側の対応が奴隷根性丸出しなので、アメリカも「奴隷は引っぱたいて躾《しつけ》るのが一番いい」ということで、相手にふさわしいやり方をしているんだろうと思いますね。

内田 安倍政権もどこかのタイミングで、アメリカからいきなり引っぱたかれるような気がしますね。靖国神社参拝とか、東京裁判史観の否定とか、慰安婦問題とか、南京虐殺問題とか、アメリカが「おい、いい加減にしろ」といって横面を張り倒す材料はいくらもありますから。

白井 昨年末の従軍慰安婦問題に関する日韓合意などは、ある種そういう側面がありましたよね。安倍首相が突然、それまで言っていたことと違うことを言い出して。

内田 ある種というか、絶対そうでしょう。あの問題について日韓両国が事前に事務レベルで細かい打ち合わせをして、忍耐強く落としどころを探っていたようにはまったく思えませんから。ある日いきなり合意した。あれは誰が見ても、アメリカ政府に日韓外交当局者が呼びつけられて、頭ごなしに「お前ら、いつまでぐずぐず喧嘩してんだ。こっちはいろいろ忙しいんだ。つまらねえことに手を焼かせんな。いいから、さっさと手打ちしろ」と怒鳴りつけられたからですよ。そうじゃなければ、一夜にして手打ちになんかなるはずがない。

白井　あの件ではネット右翼の連中が怒り狂って、安倍首相を売国奴呼ばわりしていましたが、自称保守派たちは、永続敗戦レジームが「歴史を修正」できる範囲もアメリカによって定められているという自明の道理を彼らは未だに理解できないようです。

内田　次に頭ごなしの一喝があるとしたら、改憲問題かもしれませんね。僕は改憲が具体的に政治日程に上ったときに、アメリカからかなり厳しい不満の意思表示があると思っています。

前に、安倍晋三首相が改憲への強い意欲を示したのは、覚えていると思いますけど、一二年末の政権交代後の組閣直後のことです。一三年四月二二日の参院予算委員会で、首相は戦前の日本の植民地支配と侵略について謝罪した村山富市首相の一九九五年の「村山談話」について、「安倍内閣として、言わば村山談話をそのまま継承しているというわけではありません」と明言しました。翌二三日にはさらに踏み込んだ発言をした。「侵略という定義は学界的にも国際的にも定まっていない。国と国の関係でどちらから見るかで違う」というあれです。これに対して、もちろん中韓両国政府からは激しい非難が浴びせられたわけですけれど、アメリカもこのときは厳しい批判の声を上げた。『ニューヨーク・タイムズ』は「日本の不必要なナショナリズム」と題した長文の社説を掲げて、安倍首相のタカ派的な対中国・韓国姿勢がアメリカの西太平洋戦略を妨害していることを言葉激しく批判しました。北朝鮮の瀬戸際外交によって東アジア情勢が不安定化し、日中韓三国間にこれまで以上の連携が求められている折りに、なぜあえて波風を立てるような発言をするのか。「北朝鮮とその核問題を解決するために関係諸国が協力して連携しなければならないそのときに中韓との敵対関係に油を注ぐというのは、きわめて無思慮な（foolhardy）ふるまいのように思われる」

この叱責はアメリカ政府から直接なされたものではありませんけれど、アメリカのリベラル派の世論を代表したものと見なしてよいと思います。ところがその社説が出た直後に、首相は幕張メッセで行われたイベントで、迷彩服を着てヘルメットをかぶり、陸上自衛隊の戦車に乗るという好戦的な映像を公開し、さらに「731」という問題の多い機体番号をつけたジェット機に乗って中国・韓国からの批判を招き寄せた。この反省の色の見られないふるまいに対して、アメリカのメディアは再度その「無思慮」を言葉厳しく咎めました。「このまま外交的失点を重ねるなら、アメリカは安倍政権を見放すだろう」という予測をこの時期にアメリカのメディアははっきりと示した。最終的に『ニューヨーク・タイムズ』に安倍首相の「終わりなき挑発」を重ねて批判する記事が出た直後に首相は先の予算委での発言を撤回するという方向転換を示しました。五月一五日の参院予算委員会で首相は「日本が侵略しなかったと言ったことは一度もない」。村山談話に関しては「歴代の内閣を安倍内閣としても引き継ぐ立場でございます」と述べた。

これ、どう考えても、おかしいでしょ。「安倍内閣として、村山談話をそのまま継承しているわけではない」と述べた三週間後に「これまでの歴代の内閣の立場を引き継ぐ考えでありますす」と発言を逆転させた。誰が何と言おうとこれは食言以外の何ものでもない。ところが、日本のメディアはこの方向転換が「中韓への外交的配慮」であるとか「ゆきづまった外交関係の収拾を図る」であるとか書いて評価してみせた。でも、「村山談話」の撤回を宣言すれば中韓政府から激しい批判があることは端から想定されていたはずで、予想どおりになった。それでも首相は中韓への挑発を止めなかった。でも、ある日、ほんとうにある日突然、挑発を止めて、ころりと前言撤回した。これは誰が見ても〝アメリカからの一喝〟で縮み上がったからという以外に合理的な解釈はありえない。

今回の慰安婦問題についての日韓合意も、その唐突さにおいて一三年の「村山談話撤回の撤回」とよく似ています。でも、日本のメディアはそういう「誰でもそう思う」解釈を採用しない。日韓外交当局の地道な努力が実を結んだという、書いている本人も「嘘」だとわかっている嘘を書いて平然としている。

白井　つまり、国家レベルでの歴史解釈とそれに関連する現在の問題への対応を決定づけている最終審級がアメリカであるという事実を正面から認めていないのは、ネット右翼だけではないのだということですよね。平気でそうした虚偽意識に満ちたコメントを書いているメディアも五十歩百歩というわけです。客観的に見れば、世界の誰も受け容れてくれない歴史認識を振り回し続けていたところ、怖い親分がやってきて「いい加減にしろ、コラァ」とやられて、振り回していたものをあっさり手放したという構図です。実に無様な姿ですが、この無様さを大メディアはちゃんと指摘しなかった。

内田　でも、こうやってアメリカが何か言うたびに、それまでの主張をあっさり覆して前言撤回していると、そのうち大変なことになると思いますよ。元駐日英国大使のヒュー・コルタッチさんが『ジャパン・タイムズ』に先日「極右思想は日本の民主主義への脅威か」というタイトルの寄稿をしていたんですが、内容は安倍政権の改憲志向に対するきびしい批判でした。

「改憲などやっている暇があったら、もっと違うことをしなければいけないはずだ。優先順位が間違っている」。「日本が心配しなければいけないのはたとえばトランプが大統領になったらどうするかということだ。日本防衛のコストを全額日本が負担すべきだというような政策が出て来たら、その影響はTPPの比ではあるまい。アメリカの要求に対してタフな交渉をしなければならないのだが、それを果すだけの人的資源、ロジックが日本の側にあるのか」と書いていました。

白井　そうなったらそうなったで、いいじゃないかという気もします。今はトランプの日米安保体制についての発言が突出していますけれど、これは来るべきものが来ているにすぎないと思われます。誰が大統領になろうとも、いつかは同様の方針が打ち出されてくるだろうと予測できます。いわば、強制独立ですね。

内田　そうですね。このまま言うとおりに上納金を払い続けていたら餓死してしまうというところまで追い詰められたら、「しかたがない、独立しようか」ということになるかもしれません。

白井　日本で改憲が現実的になってきたとき、アメリカはどう反応するでしょうか。「改憲してもらったほうがアメリカにとっては好都合。ぜひやってくれ」という声は、七〇年代ぐらいからずっとあるわけです。ところが集団的自衛権行使を容認するという、原則の大きな変更をやったことで、「もう改憲は別にしなくてもいい」という状況も出てきた。

今のところ集団的自衛権の行使可能な範囲は「限定的」ということになっていますが、お得意の詭弁を使って範囲を徐々に広げていけばいいわけです。特に、危険な後方支援、兵站ですね。これをやらせたい。陸上自衛隊のレンジャー部隊に在籍していた元自衛官の井筒高雄さんに言わせると、今の戦争で最も危険なのは補給部隊である、と。この部分をアメリカは日本にアウトソーシングしたい。アメリカ国家にとって、米兵が死ぬとコストが高いが日本の自衛官が死んでもコストゼロだからということであって、それが新安保法制によって実現されることではないのか、と指摘しています。だとすれば、アメリカから見て改憲など短期的には必要ないですね。

そのような状況で日本の改憲勢力は、例の新憲法草案を提示してきて、いよいよもって救い難い連中であるということが明らかになってきました。ひょっとするとアメリカが安倍政権をガツンとやることもあるかもしれない。

内田　あるでしょう。ある時点で「改憲なんか、やめろ」と言って来ると思います。安全保障面で言えば、アメリカは今回の安保法によって取れるものは取ってしまった。基地はこのままずっと恒久的に日本列島に置いておけるし、集団的自衛権の行使も容認されたので米軍の「後方支援」部隊として自衛隊を自由に使えるようになった。もう十分でしょう。

それに対して、自民党改憲草案の中身は、アメリカの建国理念や統治理念を全否定する内容です。アメリカ政府に向かって、日本政府から「もうあなたたちとは価値観を共有しない」と宣言しているようなものですから、アメリカはむかっとしますよ。

白井　草案を通じて「この連中には近代的立憲主義は理解できないんだ」ということがはっきりしました。

内田　改憲した日本とアメリカは価値観を共有できるかを考えたら、誰だって「無理」という結論になる。だから、「属国の分際で、宗主国民が信じている統治原理を侮辱するような非礼は許さない」という話がいずれホワイトハウスからも議会からも出てくるでしょう。

属国なんだからしかたない

白井　一方でアメリカには、自分たちの意のままに動くのであれば、いくら腐敗していようが、かまわずに傀儡政権を立ててきた歴史もあります。「日本の支配権力が何を考えていようが、自分たちにさえ逆らわなければどうでもいい」という判断もありえますね。

内田　そうですね。でも、アメリカがそういう独裁者を許容したのは、いずれも相手が後進国・破綻国家だったからですよ。日本は後進国じゃない。もしアメリカが日本政府を傀儡政権だと思っていたら、一〇〇パーセント支配できるという確信があったら「改憲でもなんでも好きにすればいい」と言って来ると思います。日本人がアメリカの価値観を否定しても、アメリカにとっては痛くも痒《かゆ》くもなければ、「勝手に改憲でもなんでもしなさい」という態度を採るでしょう。でも、さすがにそこまで日本は見くびられてはいないと思います。日本人がアメリカの統治原理を否定すると、それなりに影響が出るから「困る」というふうに判断するんじゃないですか。

白井 どうでしょうね。内実は破綻国家にどんどん近づいていると思われます。

内田 「この国はもう使い道もないし、放っておこう。後は野となれ山となれ」と思っていれば、改憲を放置するでしょう。でも、「まだ使い道があるから、もう少し生かしておいて、卵を産んでもらおうか」と考えるのか。僕が国務省の役人だったら、「もう少し生かしておいて、卵を産ませたほうがいい」と考えますね。同盟関係の信頼性を考えたら、統治の仕組みや憲法理念でアメリカと価値観が共有できるパートナーであるほうが、そうでないパートナーより好ましいんじゃないですか。

八〇年代に韓国で反共法が廃止されて、民主化が進行しましたね。あれも、東西冷戦が終わりつつある時点で、アメリカとしてはイデオロギッシュな反共軍事政権よりも、アメリカと価値観の近い民主政権がパートナーであることのほうが国益に資するという判断を下したから可能になったのでしょう。アメリカが「反共軍事政権のほうが同盟国として好ましい」と確信していたら、民主化は抑圧されたはずです。傀儡政権よりも価値観を共有する同盟国のほうが安全保障上は信頼できる。そう考えるほうが合理的ですよ。

アメリカにとって日本国憲法は一九四六年時点における〝彼らの理想〟であり、〝彼らの願望〟だったんです。憲法九条二項の規定をいずれ世界中の国々が持つようになることを、アメリカのニューディラーたち自身が切望していた。

九条を日本を軍事的に無力化するためだけに課された処罰的な規定だと考えることは適切ではないと思います。四六年時点のアメリカのリベラル派は日本への原爆投下に深い恐怖と強い罪責感を覚えていた。次に世界大戦が起きたら、それは必ず核戦争になり、世界はそれで滅びる。だから、もう二度と世界大戦を起こしてはならないと考えていた。その新しい「戦争なき世界」の理想のかたちとして、九条を持つ日本を国際社会に提示しようとした。そういう話を僕は先日、加藤典洋さんの『戦後入門』（ちくま新書）に教えて頂いたのですけれど、アメリカはずいぶんひどいこともしますけれど、一方にはそういう理想主義的なところもあるのは本当です。アメリカの政治家たちの中には、日本は傀儡政権でよい、非民主主義的な強権的な国家でも全然構わないと思っている人たちがいるかも知れませんが、一般のアメリカ市民はそんなことは望んでいない。自分たちの国の民主主義の理想を日本でも実現して欲しいと願うのが常識なんじゃないでしょうか。

白井 アメリカがこれから日本をどう扱っていくかという問題は、アメリカ国内でこれからどういう勢力が実権を握るのかというところにも依ってくる話でしょう。しかし、米大統領選挙のたびにそういう情勢分析をしなければいけないこと自体、情けないことですが。

内田　属国なんだからしかたないですよ。だから、日本のメディアは自国のドメスティックな状況や政局について、あれこれ詮索したってしかたがないんです。「安倍さんがほんとうのところは何を考えているか」なんてことを考えてもしかたがない。そんなことをいくら考えてみても、日本が重大な外交政策や安全保障について自前で政策決定できるわけじゃないんですから。改憲や日韓合意と同じで、それはアメリカが決めるんです。

白井　いずれにせよ、今の状況は流動的なものなのだろうと思います。聞くところによると、日本の権力の側でも、新安保法制の法としての建てつけの悪さに呆れている人は少なからずいる。「存立危機事態」になれば「集団的自衛権を行使できる」としたわけですが、「存立事態」とは具体的にどういうものなのか、まともに定義されていない。だから、新安保法制が通ったからといってそれによって出来ることは実質的にあまりないのだが、安倍首相はこれで何でも出来るようになるんだ、といって力んでいるという具合に体制内で齟齬が生じているというのです。改憲問題に関しても、自民党の中にも「こんな草案ではまずい」と本音では思っている議員も少なくないようです。要するに、政府と与党の内側は、途轍《とてつ》もなく無責任な状況なんですね。この流れではまずいことになると思っているのだが、さりとて反対の姿勢を明らかにするわけでもない。だからこそ最後は、「どうするのかアメリカ様に決めてもらう」、ということになるのです。こんな状況が続いているのは、七〇年前の敗戦よりも、戦後社会の在り方のためではないでしょうか。

なぜ反安倍勢力は結集できないのか

白井　自分が政治の世界に少々かかわるようになってきてもどかしさを感じるのは、みんな頭では「今の政治を変えるためには、反安倍勢力を結集しなければならない」とわかっているのに、現実にはそれが実践できていないということです。僕はいろいろなところで「勢力の結集を本気でやりましょうよ」と言っているんですが。別にお互いの理論を突き詰めて、「革命精神がおまえは本当にあるのか」なんていう議論をするわけでもないのに、なぜできないんだろうと思います。

内田　情けないのは民進党（旧民主党）ですね。もう一回政権を取る気があるのかな。この後、何かのきっかけで自民党が割れるということでもあれば別ですが、そんなことはもう起きないでしょうし。

白井　ないでしょうね。自民党の中でそういう気概のある人たちはみな去っていったか、辞めさせられていますからね。他方、今現在、議席を確保できている旧民主党の議員は、これだけの逆風のなかで当選したわけだから、選挙には強いわけですよ。「そう簡単には負けない」という自負がある。だから今の民進党の主流派議員の振る舞いを見ていると、「適当にやっていればそのうちまた政権が取れるんじゃないか」ぐらいに思っているように見えますが、取れるわけがないですよね。

内田　そうですね。旧民主党議員でも、今議席を持っているのは二度の逆風を勝ち抜いた「選挙に強い政治家」です。だから、このままでもあと二期、三期は国会議員をやれる。「それぐらいやったら、自公の推薦ももらって、オール与党の知事にでも立候補するか」と思っていれば、もう大きな変化は望まないでしょう。

白井　まさに堕落の極みですね。このまま自民党のなりそこないみたいな議員を抱えて、何がしたいんだかわからない状態を続けるのなら、民進党は消滅したほうがいいですよ。これは僕の希望ではなく、リアルな話です。鳩山内閣が成立して政権交代が起きた時の衆議院選挙では、旧民主党が獲得した投票数が二九〇〇万票で、これは「とんでもない数だ」と言われました。ところがその次の総選挙で、その票が二〇〇〇万票も減りました。この数字は、政権獲得できなかった時代の得票数を下回っています。これを見て、旧民主党の議員はなぜ真っ青にならないんだろうかと思います。

内田 すごいですね。旧民主党が集めた票は、いったいどこへ行ったんでしょう。

白井 二〇〇〇万票のうち一部は投票率が低下した結果で、実質的に棄権に回ったと見ていいでしょう。

内田 残りは旧みんなの党や旧維新の党ですか。

白井 はい、一部は共産党にも流れたようです。

内田 実際、次の選挙で民進党はなくなるかもしれませんね。

白井 このままなら、なくなったほうがいいと思います。

左派・リベラル勢力について考えると、彼らが力を合わせられない原因、ネックになっているのはいつも共産党問題なんですね。なぜ「左翼といえば共産党と非共産党の対立」という状況に、常になってしまうのか。本当に飽き飽きする話ですけれども。私の知る限り、共産党系と非共産党系では、議員レベルでも支持団体レベルでもお互いの交流もきわめて限られているんです。この間の社会運動の盛り上がりを通じて、ようやくこのディスコミュニケーションが解消されつつある気配も少しはありますが。内田さんが若い頃に政治活動をされていた時代はいかがでしたか。

内田 共産党は独特の政治文化を持っていますよね。僕は反代々木系の学生運動にかかわっていましたけれど、仲のよかった民青（日本民主青年同盟）の学生もいました。でも、やっぱり上から「ウチダみたいなやつと付き合うな」と言われて、遠のいた。

それから、東大の場合だけかもしれませんが、勉強のできる学生は活動家としてフロントラインには出さないんです。全共闘と殴り合いをするようなところで怪我されちゃ困る。街頭闘争はしなくていいから勉強しろ、と。優秀なメンバーはそうやって司法試験を受けたり、公務員試験受けて官僚になったり、ジャーナリズムに入ったりしていった。そういうエリートを育成して、体制内部に入り込むというようなことは反代々木の過激派組織は思いつかないですね。政治的には非常に正しい戦術だと思いますけど。

白井 なるほど。共産党系で国会議員になるような人たちは、そういうかたちでエリートとして育てられるんですね。

内田 弁護士には実際に共産党系の人が多いでしょう。あれは法学部の優秀な学生たちには司法試験を受けることを奨励しているからだと思いますよ。できるやつらは体制内部に送り込む。

白井 そのお友達は後にどうなったんですか。

内田 大学の教師になりました。

白井 共産党を見ていると、委員長の志位和夫さんも、書記局長の小池晃さんもエリート系ですよね。内田さんの元同僚でマルクス経済学の石川康宏さんも共産党員と伺っていますが、やはりエリートコースで来られた方なんですか?

内田 いや、彼は違います。苦学生です。自分で学資を稼いで、途中で病気で休学したりしながら、八年かかってようやく大学を卒業したという苦労人です。

白井 そうなんですか。

内田 彼は文字どおり「パンを涙とともに飲み込んで」苦学した、古いタイプのマルクス主義者ですよ。

共産党は党外の人間と親しむべき

白井　先日、『現代思想』の仕事である対談をしたときの文章を校正していて思ったんですが、民間で社会運動が盛り上がっているのに、政治のほうがそれに反応できていない状況があると思うんです。この現状を打破するためには、共産党、非共産党の両陣営が、お互いあらためるべきところがあるのではないかと。僕が共産党の人たちに言いたいのは、もっと党外の人と一緒に飯を食ったり、酒を飲みにいったりしたらどうですか、ということですね。

内田　そうですね。ただ最近は共産党もずいぶん左右にウイングを広げていると思いますよ。左右といっても共産党より左はないから、「右にウイングを広げている」というべきですが。僕は自分のことを「保守派」だと思っていますし、人から「右翼」と言われることもありますけれど、以前から『赤旗』にはよく取材されています。

白井　『赤旗』には小林節さんもしばしば登場していますからね。一昔前では考えられないことです。

内田　今の共産党は自分より左がいないので、どこまで右に寄っても最左翼という立ち位置が揺るがない。左翼内部でヘゲモニーを競う相手がいない。その点では、今の共産党は心理的にはとても楽なんじゃないですか。

白井　私も『赤旗』には何度か出ました。党なり『赤旗』なりの方針として、よりオープンな方向へ向かう姿勢を示していることは間違いないですね。しかしながら、政治の現場での信頼関係の醸成といったことは、それだけでは実現できない。

内田　党員は自己裁量で動くことは許されないですから。

白井　非共産党系の人たちからすると、「あいつらが手を伸ばしてくるのは、またごっそり引き抜いて自分たちの手駒を増やそうという党利党略だろう」という警戒感があるんでしょう。それは長年の経緯からきているわけですね。

内田　過去にあまりにもそれをやりすぎたから。

白井　そうですね。今度またそれをやったら、もうオシマイでしょう。そのことは理解していると思うのですが、だからといってすぐに信用されるわけはない。だから「信頼感を醸成するためには、もっと一緒に飯を食ったり、酒を飲んだりするべきでしょう」と言いたいわけです。

内田 本当にそうですよね。安倍首相が〝寿司友〟でメディアを抱き込んだのは好個の例ですよ。あれは真似しなきゃ。だいたい、組織が信頼されるためには、そこのメンバーの誰かを個人的に知っていることが大事なんです。僕自身が共産党に対して融和的になったのも、石川康宏さんという個人を知り、彼が大学の同僚として非常に信頼できる人物だったことが最大の理由ですから。一緒に酒を飲んで、飯食って、旅行に行ったりしているうちに、人間として信頼できるようになる。そこから、その人の所属している政治党派に対する信用も生まれてくる。結局は組織構成員一人ひとりの資質の問題なんですよ。

白井 同感です。いま内田さんが石川康宏さんのお人柄に触れて、という話がありましたが、僕も同様の記憶があります。最近共産党系の方面から声を掛けられるようになったわけですが、それに違和感がなくなったのは、京都に来てからある党員の方と率直な会話をしたからです。

天皇制について話をしていたとき、その方は、こうおっしゃった。「自分は京都出身ということもあって、本音を言うと、党の公式的な天皇制反対の方針に違和感があるのです。

確かに近代になってから、天皇制に基づく民衆の抑圧はあったと言えるけれど、京都の人間にとっての天皇のイメージは、江戸時代の貧乏な『天皇はん』のイメージなんです。あまりにも貧乏で可哀想なので、京都の人たちは食べ物を運んであげたりしていた。そういう人々のなかの、決して仰々しいものではない天皇のイメージというものがあるから、『天皇制はけしからん』と言われても、自分としてはどうしてもピンとこないのです」、と。僕は答えて、「そういう自分のなかの感覚を大事にすることは、とても重要なことだと思います。党員として党の方針を一応支持しなければならないのかもしれませんが、表向き支持するとしても、自分の中にある違和感みたいなものを決して殺そうとすべきではないと思います。そのように自分の感覚に忠実な党員が多ければ、組織が全体として、教条主義に陥るとか唯我独尊になるとかおかしなことになる確率も低くなるでしょう」と言いました。こういう会話が成立するとやはりイメージが変化しますよね。

「一人ひとりが交流する」というのは、あまりに地道で迂遠に見えるかもしれませんが、確実な道です。フランスで一八四八年革命の前触れとなったのは、「改革宴会」でした。これは当時政治集会が禁止されていたことから採られた手段でしたが、さまざまな立場の勢力が交わる場として機能していくことになったのです。

社会に包摂されていた左翼思想

内田　昔は自民党と社会党の間だって、しっかりした人間関係がありましたよ。社会党の右派には戦前は農本ファシストだった人たちがたくさんいた。片山哲内閣の農林大臣だった平野力三という人は僕の親戚だったんですけれど、戦前は農本ファシストで、農民組合を再組織して、「皇道会」という名の組織を作っていた。彼においては、農民の地位向上のための戦いと天皇主義が少しも矛盾していなかったからでしょう。

白井　戦前の農地解放運動にも皇国主義的な流れがあったんですね。

内田　戦前の労働人口の半分以上が農業従事者で、その中から社会主義者もファシストも出てくるわけですから。出自は一緒だし、政治目標もそれほど変わらない。そこに達するための手段が違うだけで。僕のかつての岳父だった平野三郎も戦前は共産党の中央委員で、戦後は自民党の衆議院議員でした。そういうキャリアは別に珍しいものではなかった。

白井 ええっ、そうだったんですか。

内田 宇都宮徳馬も同じですよ。岳父は「小林多喜二と同じ日に築地署に捕まって、小林は死んだけど、私は生き残った」というのが自慢の人でした。その後、召集されて中国戦線を転戦して、七年間大陸にいて、それでもしぶとく生きて帰ってきた。戦後、自民党の代議士を五期やり、その後、岐阜県知事もやりました。

ですから、かつては自民党も社会党も共産党も、けっこう人材交流があったんです。共産党から自民党に行ったのもいれば、農本ファシストから社会党へ行ったのもいるんですから。

白井 その世代で残っているのは、いまやナベツネ（渡邉恒雄）さんぐらいですか。

内田 あの人は東大細胞ですね。東大細胞から実業界に入ったという人は多いですよ。

白井 日本テレビ放送網の会長だった氏家齊一郎さんが、その当時の盟友だったそうですね。渡邉恒雄から共産党に誘われて入党し、自分は堤清二さんを誘って入党させている。

内田 三人とも離党したり除名されたりしていますけれどもね。

白井 で、日本テレビのドンとなった氏家さんが、明らかに左翼映画であるところの宮崎駿氏や高畑勲氏の映画を気に入って、バックアップするということになっていったわけですよね。

内田 徳間書店の創業者で、ジブリの創設を支援した徳間康快《やすよし》も元共産党員です。日本のメディアには学生時代は共産党員という人はけっこう多いんですよ。

白井 戦後の日本は、政治の世界では自民党が常に勝ち続けてきて、圧倒的に保守支配だったわけですが、その一方で文化領域では左翼が強いというかたちで、全体としてバランスがとれていたんですね。ただその奇妙なバランスは、どのあたりからか急速に崩れていった。

内田 かつては自民党でも社会党でも共産党でも、政治家たちは内的葛藤を抱えていた。葛藤を抱えているがゆえに、同じ葛藤を抱えた他党の人たちと話ができたという面があったと思うんです。しかし、ある世代から、その葛藤がなくなってしまった。今の自民党の政治家の中に、若い頃にマルクス主義者だった人はもう一人もいないんじゃないかな。

白井 聞いた話としては、今の塩崎恭久厚労大臣は高校全共闘をやっていたそうですが。

内田 高校生のときの全共闘運動はあまり深刻な内的葛藤をもたらさなかったんじゃないかな。

白井 「みんながやっているし、おもしろそうだから」というケースが多かったのでしょうか。

内田　大学で全共闘をやっていた連中にしても、どの程度真剣だったかはやっぱり怪しいですよ。おおかたは卒業するときにはすっぱりと髪の毛を切って、スーツ着て就活やってましたからね。「日帝打倒」とか言っていた連中が平気で日帝企業や中央省庁に入っていったわけですから。

白井　『いちご白書』をもう一度」の世界ですよね。歌の中ではまだ葛藤がありそうだったけれども、実際はもっと軽かったと。

内田　それほど深刻には葛藤してなかったんじゃないかな。そういうやつらに限って居酒屋で若い連中に「俺たちは革命闘争を闘ったんだ」と自慢げに説教して、煩《うるさ》がられるんですよ。

白井　本当に闘った人は簡単には就職できなかったでしょうね。

内田　就職できなかったし、しなかったでしょう。

白井　内田先生もそうでしたね。

内田　僕は別に革命闘争をやっていたわけじゃないけど、それなりの政治的主張を掲げて走り回っていたわけですから、四年生になったから「はい、足洗って就活します」というわけにはゆかない。ですから、卒業即無業者です。だって、〝就活する過激派〟って変じゃないですか。仮にも革命性がどうだとか、お前には階級的自覚があるのかとか偉そうなこと言って、他人を罵倒したり、殴ったりしてきた連中には、自分の言動についての政治責任というものがあるでしょう。

白井　六〇年安保のときには、かなり活動していた人でも、その後一般社会に復帰している場合が多いという傾向があるように思うのですが。

内田　当時は社会の側がまだ寛容だったんです。六〇年安保運動は本質的には反米愛国運動でしたから。反米愛国のセンチメントについては、当時の一般市民たちの中にも「その気持ちはわかる」という人はたくさんいたんでしょうね。

白井　ところが七〇年安保になると、徹底的にやった人に対しては社会が許さなかったというイメージがあります。その原因の一端が連合赤軍事件や革マル派と中核派などの酷い内ゲバであったことは確かで、自滅した側面も強いですが。ただ、戦前でも、血盟団事件と五・一五事件を起こした人たちは、形式的には処罰されましたが、多くの人たちがその後赦されて活躍しているんです。戦後右翼の大物になった人もいる。一方、二・二六事件では、首謀者たちは銃殺されてしまっている。戦後の反体制運動にも、そういうアナロジーを働かせられるかもしれません。

内田　まあ、そこまで極端ではなかったでしょうが、確かに七〇年安保のときには、かつてに較べれば、社会全体が過激派学生に対して非寛容にはなっていたようには思います。でも、僕の友人の早稲田の革マルの学生は、田中角栄のところに就活に行っているんですよ（笑）。

白井　越山会ですか？

内田　卒業して郷里へ帰ったら、お父さんが、「角栄先生のところに行けば、就職世話してくれる」と言って、連れていかれたそうです。赤軍派だったのと二人で行って、正直に「過激派やってました」と言ったら、田中角栄は「それは見所のある青年だ」と言って、すぐに就職を世話してくれたんですって。だから、二人ともそのあと越山会青年部の熱烈な活動家になった。まあ、当然ですよね。でも、角栄さんの対応も賢明だと思う。社会から排除されかけた若者を受け入れたんですから。放っておけば将来的に社会的不安要因になったかもしれない若者を自分の献身的な支持者に仕上げたわけですからね。

白井　それに近いことをしていたのが、徳洲会の徳田虎雄です。たとえば元共産党の青年が来ると、「そうか。君は日本の革命のためにがんばっておったんだな。すばらしい。これからは医療革命のためにがんばってもらう」と言って、即採用していたというのです。おかげで徳洲会には、左右のあらゆるグループから来た元党派の人たちがたくさんいたそうです。

内田 それは正しいリクルートですよね。体制側にしたって、それでいいんですよ。それで社会不安が軽減されて、秩序が保てるんですから。

白井 そういう考えの政治家や経営者も、今ではほとんどいなくなってしまった。ある時から、コミュニケーションのモードが変わってしまったと思うのです。今話題に出た田中角栄や徳田虎雄の振る舞いは、非常に伝統的なものでもあります。有名な話では、脱藩して江戸に来た坂本龍馬が尊王攘夷の志士として開国派幕臣の勝海舟を斬りに行ったら、勝の話を聞いているうちに逆に子分になってしまった、というエピソードがありますよね。戦前の政治家にも、同様の話は沢山あるらしい。山縣有朋もこういう折伏《しゃくぶく》の達人だった。あるいは、五・一五事件のとき、青年将校は「話せばわかる」と言った犬養毅に「問答無用」と答えて即射殺したというのも有名な話ですが、これも暗殺者が野蛮だったということではないのです。犬養もまた殺すつもりで来た相手を丸め込んでしまう達人として有名だったので、将校たちは「犬養と言葉を交わしたらダメだ、丸め込まれてしまう」と考えていたために、あの問答になったのです。

要するに、かつての「大人たち」は、「説得できる」という自信があった。田中角栄にしても徳田虎雄にしても、左翼青年の「革命の大義」よりも上位の「大義」を説いて納得させる自信があったからこそ、包容力があった。今は誰もこれができなくなった。徳洲会に対する司直の追及は、ある意味でこうした伝統的原理が生きている最後の集団に対する抑圧であったようにも見えます。

日本人はいつ立ち上がるのか

白井　先日、大阪で政治的な集まりに呼ばれて行ったら、小林節さんがいらっしゃって、「もう民主党（現、民進党）はダメだ」とおっしゃったんですよ。「これまでさんざん連合にも働きかけてきたけれども、もうダメだ。もう新しい旗を揚げるしかない」とおっしゃっていました。つまり自民党から政権を奪い、永続敗戦レジームを打倒するには、新たにそれを実行できる党をつくるしかないということです。

確かに僕も、そうなるほかないのではないかという気がしています。ただ、いったい誰を議員として出していくのか、というところが大問題です。もちろんカネの問題もありますが、カネ以上に候補者が問題ですね。誰を出すのかが決まってくれれば、出資者も見つかるだろうという気がします。今はそれこそ、「内田先生、議員に立ってください」と言われかねない状況ですね。

内田 僕はそろそろ隠居する予定ですから（笑）。新党というものは、基本的には現役の国会議員が中心になってつくるものですよね。

白井 はい、そのような側面はあるけれども、血を入れ替えなければうまくいきそうもないことがはっきりしています。ただ「あなたやってください」と言われて、「はい、そうですか」とやれる仕事ではありませんからね。

内田 スペインではポデモスという、市民運動から始まった新しいタイプの左翼政党が出てきましたね。

白井 僕も先日、テレビのドキュメンタリーで見たんですが、党首のパブロ・イグレシアス氏は一九七八年生まれで、僕と同じぐらいの年齢なんです。もともと政治学者で、三〇人ぐらいで始めた市民運動が大きなムーブメントになって、結党からわずか二〇日間で一〇万人を超える党員を集め、直近のスペインの総選挙で四〇議席以上を獲得しているそうです。大きな成果です。

内田　要は、労働者にもっと手厚く再分配しろということですね。そうしないと本当に再生産できなくなってしまうという切羽詰まった状況があるわけですから、民衆の支持も集まるでしょう。

白井　ただし、龍谷大学の廣瀬純さん編著の『資本の専制、奴隷の叛逆』（航思社）という本によると、スペインでは二〇一一年に反緊縮財政・反専制政治を掲げたラディカルな運動（＝若者を中心とするオキュパイ運動）が始まり、そうした動きがポデモスの結成につながっていったとのことです。福島第一原発事故以降の日本の社会運動は、まだそこまでの規模に達していないかもしれません。

内田　今のところは、特に中高年層は、そこまで自分たちが追い詰められているという実感がないんじゃないでしょうか。でも、年金制度や国民皆保険制度が瓦解したり、奨学金の負債を数百万円抱えてブラック企業で非正規雇用ということが続けば、日本国民もいい加減に気がつくんじゃないですか。このまま黙って耐えていても、税金が上がり、賃金が下がり、物価が上がり、福祉が切り捨てられるというグローバル企業優遇政策に拍手喝采していても、わが身にはその先に何もいいことは起こらないということに、ぼちぼち気がつくんじゃないかな。

白井　でも、これまで気づいていていません。

内田　メディアの責任でしょう。

白井　それは大きいと思います。大手メディアのトップがしょっちゅう安倍首相と会食して喜んでいるわけですから。ＮＨＫに至っては、地震速報すらもまともにできなくなりました。動いている原発（鹿児島県の川内原発）のある場所は震度を示す地図からカットしてしまう。

新自由主義の攻勢に対する憤りがまだ高まりきっていないことが、ヨーロッパとの状況の違いかもしれません。英国労働党のジェレミー・コービンがのしあがってきた最大の理由は、今の保守党政権がＮＨＳ、ナショナル・ヘルス・サービス、国民医療制度の範囲をどんどん狭めていこうとしたことに、アンダークラスの人が怒り出して、バックラッシュ的にコービンに票が集まったのだと言われていますよね。

内田　最初は泡沫候補だったのに、最終的には党員たちからの圧倒的支持を受けましたね。

白井　アメリカのサンダースにしても、コービンにしても、支持者は圧倒的に若年層でしょう。じゃあ日本はどうなんだと見ると、「いよいよ若者たちが立ち上がった」と言われてはいるけれども、その実態はまだまだ少数派なんですよね。

内田 この間、白井さんと一緒にご飯食べたSEALDs KANSAIの諸君も、訊いたら「メンバーはそんなに多くないんです」と言っていましたね。それでも、安保法案のときには、梅田に何千人と集めたんだから、大したものですよ。

白井 まったく同感です。決して大きくはない集団でありながら、それが及ぼす社会的声の大きさという点では何百倍、何千倍にもしたわけですから、本当にすごいと思います。ただ一方で、もっと大きくしていく際の課題も見えてきました。

内田 学内では孤立していると言っていましたね。

白井 私も大学で働いていますから、実感として推察できます。若者の社会への無関心ということが言われて久しいですが、これほど社会的矛盾が表面化してきているにもかかわらず、この状況が変わらないことについては、私は正直なところ衝撃を受けています。彼らはすぐに「よくわからない」と言います。わからないと言うときの言い方も、「わからないから知りたい」の「わかりません」ではないんです。「別に知りたくないし、関係したくない」という「わからない」なんですね。そういう態度が蔓延しています。

内田　日本では「サヨク」とカタカナで書かれたりして、冷笑の対象になっている状態ですから、あと三〇年ぐらい待たないと、社会主義者の首相は出てこないかもしれない。

白井　それにしても、アメリカで格差の拡大から社会主義に脚光が当たっているという時代に、なぜ日本では何十年か遅れのサッチャリズムやレーガノミックスの真似事をやっているんでしょうか。これもまた私にとっては驚きです。現状は日本でも格差が高じて階層社会に至りつつあって、国民の意識が社会主義に向かってもいい状況と思いますけどね。

内田　学生だって、実際には、みんな尻に火がついている。授業料はどんどん上がっているし、給付型奨学金は廃止されて、卒業しても四〇％が非正規雇用で、雇用条件はどんどん劣化している。こういう現実に対して、「いくらなんでもこれはひどい」と感じて、システムの是正を要求する声が挙がってきてもいいころだと感じますけど。

白井　後で論じたいと思いますが、その声を抑圧しているものは何なのか、ということですね。

本物を知らない政治家たち

白井　僕は安倍晋三、あるいは橋下徹といった政治家の政治手法には、ある種ファシズム的な特徴があると感じています。それは現状に対する否定的な感情を刺激して、自分を後押しさせようとするやり方で、それは僕の基準からすると、「人々の悪感情に依拠する政治」という意味で、ヒトラーの政治手法などとの共通性を持っており、ファシズム的であるという判断になってくるんです。

ファシズムの本質とはどこにあるのか。色々な説がありますが、突き詰めていくと、ファシズム特有の権力獲得パターンに行きつきます。人間の抱くポジティブな感情とネガティブな感情のうち、悪いほうの感情をその支持基盤とし、その悪い感情を押し留め、消し去ろうとする代わりに、むしろそれを増幅させるような発言をして、それに共鳴してくる者たちを自らの権力基盤に仕立て上げていく。こうした政治がファシズム的な政治であると定義できるのではないでしょうか。

人間の感情にはいろいろな種類があります。大きく分ければ悪い感情と良い感情とがあって、「人を助けたい」「人の幸福を一緒に喜ぼう」といった良い感情がある一方で、嫉妬、羨望、憎悪のような悪い感情もある。自分の置かれた状況が良くないときは、どうしても悪い感情が芽生えがちになるわけです。ですから景気が悪くて世の中で生きていくことが困難になれば、当然、悪い感情が湧きやすくなります。そのとき政治に求められる本来の役割は、悪い感情が生まれることをなくすことはできないとしても、それが社会的に大きくならないよう、できるかぎり対処することだと思うんです。

政治というものは常に人間の感情に依拠しているけれども、一方である程度まで、人間の感情に影響を与える力も持っています。その力を、人が悪い感情を持たない方向に使うのが良い政治であって、逆に自らが権力を得るために、人の悪い感情を利用し、増幅しようとするのがファシズムであろうと思います。

内田　それは実に納得のゆく説明ですね。前回の市長選挙のときに橋下徹前市長が、「みなさん、〝こんな大阪〟でいいんですか?」と言っていたので僕はびっくりしたんです。〝こんな大阪〟って、自分が八年間にわたって府政・市政を担当してきた当の大阪をつかまえて

〝こんな大阪〟はないでしょう。だって、大阪の現状こそがあなたたちの政治的成果なんじゃないか。それ以外の何に基づいて政治的活動の成否について判断したらいいんですか。それを「このままでいいのか？」という言い方はないでしょう。でも、僕みたいに反応する人は本当に少なくて、大阪では「そうだ～。〝こんな大阪〟じゃダメだ～」って言って橋下に拍手喝采している市民が圧倒的多数なんです。

白井　ファシズムの台頭を防ぐためには、有権者の側が候補者のそうした部分に気づいて、忌避しなければいけないと思いますね。安倍晋三や橋下徹に対しても、本来なら「この人はまずいんじゃないか」ということが、直感的にわからなければいけないと思うんです。

内田　一連の自民党議員たちの犯した不祥事やあさましい言動を見てもわかるとおり、国会議員にはかなり意図的に質の悪い人たちが選ばれていると思いますね。今の政治の劣化は選挙民の側が「間違った人物」を統治者に選んでしまったことが一番大きいと思います。

白井　ただ、同じファシズムの中でもスケールの違いはあって、比較すると現代日本のファシスト的政治家たちよりも、ヒトラーのファシズムのほうがはるかに大きなヴィジョンを持っていたと思います。大地とのつながりを具体的なかたちで実践しようとしたし、建築理論にしても、いわゆる廃墟論、「第三帝国が滅びた後でも、廃墟として偉大な構築物が残るのがナチスの建築である」と唱えていた。壮大なヴィジョンを持っていたためにその力も凄まじく、恐ろしい被害をもたらしたことも事実でしょう。比べると、安倍さんの「美しい国」論は、同じファシズムとして比べると、内容空疎と言わざるを得ない。

内田　安倍政治には、祖国の山河に対する愛が感じられないですね。自分が生まれ育った街や、風土や伝統文化に対する敬意や愛情が全然感じられない。徹底的に都会的な、シティボーイのファシズムですね。その点では、ドイツのナチズムともイタリアのファシズムとも、フランスのヴィシーのファシズムともまるで違う。

白井　安倍さんは選挙区の山口県に住んだことがないそうですしね。今の二世、三世の政治家はみんなそうですけれども。

自民党のある有力政治家の番記者をやっていたという方から、聞いた話があります。あるとき選挙があって、その政治家が東京から選挙区に向かった。選挙区は関西地方のどちらかというと過疎地域なんです。特急に乗って地元入りするのに同行して、話を聞いていたら、その政治家が「いやあ、地元に行くと戸惑うんだよねえ。どんな顔をしていいのかわからなくて」と漏らしたそうです。これは率直な本音でしょう。その政治家も二世なんです。生まれこそその選挙区だけれども、東京育ちで地元に住んだことがない。

「こういう状況は何かに似ているな」と思って考えたら、「戦前の不在地主そっくりじゃないか」と気がつきました。親から地盤を受け継いだだけで、選挙区には寄生的な関係しか実は持っていない。こういう不在地主のような人たちが今、権力の中枢に居座っているわけですね。まさに寄生地主制の解体の失敗こそが、対外侵略と破局をもたらした歴史を、思い起こさずにはいられません。

内田 おそらく彼ら自身も自分が故郷の山河に対するつながりが希薄だとは感じているんだと思います。それではまずいと思っているから、それを代償するものを求めて、イデオロギー的に「美しい国へ」とか「伝統的な家族」といった空疎なスローガンを口走る。でも、そうしたスローガンは、できあいの右翼的言説を借りてきたもので、彼らの生活実感にも身体実感にも根ざしていない。ただのフェイクなんです。今の極右イデオロギーが顕彰しているのは、想像上の共同体、想像の山河への郷愁なんです。

白井 教育問題に関しても、同じことが言えると思いますね。つまり、実態を知ろうともせずに想像だけで語っている政治家が多いんです。

先日、政治家の教育政策への関心について詳しい方から「政治家の教育への介入は本当に問題が多い」という話を聞きました。その方によれば、介入してくる政治家にも二つのタイプがあるそうです。一つは、自分が受けた教育に感謝しているタイプ。たとえば馳浩文科大臣は、星稜高校で国語教員をやっていて、それからプロレスラーになったという、変わったキャリアの議員です。その馳大臣は、色々と対立する局面はあってもまだ話が通じるそうです。馳大臣の場合、高校時代にレスリングをやって、国体で優勝したりして、いい思い出を持っている。

問題はもう一つのタイプで、自分が受けた教育に対して、反感を持っている人たちです。教育に介入してくる政治家の中でも、特に悪質なタイプの人たちに共通しているのが、「自分が教育を受けたときに、いい先生の思い出が一切ない」ということなんだそうです。そういう政治家が今も教育行政の担当者になっていたりして手を焼いているそうです。しかもなまじ教員歴があるだけに、「俺は現場を知っているんだ」という顔をして、教育の現場に介入してこようとするので、実にたちが悪いケースがあるという話でした。

そういう政治家はある意味で不幸なんです。貧しく不幸な教育体験しかなかったがゆえに、「今の学校、今の教師は全部ダメだ」と言い放って、「ああしろ、こうしろ」と攻撃的に介入したがる。「こうあるべきだ」と盛んに言うのだけれども、でも実はそれは、言っている本人が一度も経験していないことにすぎない。結局、自分にいい経験がないがゆえの観念論なんです。

そういう話を聞いて「ああ、なるほどな」と思いましたね。政治家がよく「教育を再建しなければならない」と言うけれども、ほとんどの場合まるでピントが外れていると感じられる。おそらくそれは自分が受けてきた教育に対して、いい思い出がないからなんですよ。つまり本物の教育を知らないまま教育論を語っているんです。

くじ引きと投票二日制

内田　大地や伝統につながっているという実感がない。だからこそ余計に「美しい国」といった空疎な言葉を使いたがる。選挙区暮らしをしたことがないのに、地域代表として議席を得ている。その乖離《かいり》を埋めるために、過剰にナショナリスティックな言説を口走っている。日本の政治家の言葉がどんどん空疎になっている原因の一つはそこにあるんでしょう。よく言われる二世議員の弊害について、白井さんはどんなご意見ですか。

白井　確かに、これだけ世襲政治家が多いのは大問題です。北朝鮮の世襲権力体制を「金王朝だ」などといってバカにすることは到底できません。しかしながら、私が耳にしているかぎりでは、「それでも公募で来る連中に比べれば、二世、三世の議員はまだマシだ」と言われているようです。その要因の一つは、「選挙に強いから、勉強する余裕がある」というんです。

議員たちはみな、次の選挙のことが不安でたまらないわけですが、特に小選挙区制になってからはその傾向が強い。小選挙区で争ったライバルの側は、特に野党の場合、次の選挙に備えて地元で活動を続けているわけです。「それに引き換え自分は国政にばかりかまけて、果たして次の選挙で当選できるのだろうか」と心配で仕方ないものだから、時間さえあれば地元に帰ってばかりいて、まったく勉強する様子がない。それに比べれば、選挙に自信のある二世、三世は勉強しようとしているから、まだマシだそうです。もちろん、勉強する気のある二世であれば、ということですけれども（笑）。

内田　与党はとにかく議員の頭数が欲しい。圧倒的な多数派を形成するためには執行部のトップダウンの指示にすべて従う「イエスマン陣笠議員」が要る。数があればいいんです。個人的に譲れない政治的見識があり、固有の支援組織を持っていて、執行部に逆らっても当選できるような力のある議員は要らない。統制の邪魔になるだけですからね。だから、あえて個人的には非力で、執行部に決して逆らえない候補者をかき集めている。その結果、国会議員の質がどんどん低下している。

でも、それは官邸からすればむしろ「好ましい事態」なわけです。安倍政権がめざしているのは、行政府が立法府・司法府より上位にある政体ですから。国会議員の醜聞が相次いで、「国会議員はろくでもないやつばかりだ」という評価が国民的に定着することで、立法府の「国権の最高機関」としての威信は低下する。そして、人々は「議員の数を減らせ」とか「参議院は要らない」とか「首相公選がいい」というような国会軽視・議会制民主主義否定の言葉に頷くようになる。それを願っているのは行政府ですよ。立法府が空洞化すれば、法律の執行者である行政府が相対的に強い権限を持つようになる。だから、政治的な力量があったり、見識があったりする候補者は排除される。

白井　むしろ、邪魔くさい。

内田　党としては「おまえ、この選挙区に行って立候補しろ。資金も用意するし、票もこっちで集めてやるから、心配するな」という落下傘候補が一番使い勝手がいい。だから、自力では選挙に勝てそうもない候補、地元の有権者たちが自分たちの代表として「ぜひ出てください」と懇願するようなことが絶対なさそうな候補者をあえて選択している。議員にはなりたいけれど、とくに語るべき政治的識見があるわけでもない、という議員たちばかりがどんどん増えてくる。

白井　確かに、今の自民党議員が全員村上誠一郎さんのような人たちだったら、こんな政治のやり方は到底できないでしょうね。近年の議員の質的劣化は、内田さんのおっしゃるとおりの構造で生じてきたと思います。たまたま悪くなっているのではなくて、質の悪い者に限って取り立てられるシステムになってしまった。

内田　基盤の弱い議員たちの「執行部に逆らったら、次の選挙では公認がもらえず失職する」という恐怖心を利用して、党を支配している。そもそも政治経験もないし、地域の期待を担っているわけでもない一般人が政党の公募に応じる理由は、自力では決して到達できないような社会的ポジションでも、党営選挙という「レバレッジ」を活用すればたどり着けるかもしれないという欲があるからでしょう。

白井　はい、そのような欲望に取り憑かれた下らない山師が、宮崎謙介であり武藤貴也でありといった面々ですね。こうした手合いは、主義・主張などというものをそもそも持っているわけもないので、当然イエスマンとなって出世をうかがうこととなる。まあ、彼らの場合、政治家として出世する前にその低すぎるモラルによって自滅したので、ある意味、よかったのですが、それ以前に国会議員なんかになってはならない人たちでした。

内田　上が「右向け」と言ったら何も考えずに右を向くという人でないと大臣になれないし、NHKの会長にもなれない。そういう姿を毎日見せられている。それを見て国民は学習するわけですよ。ああ、そうなのか。日本社会ではイエスマンではないとキャリアパスが開かれないのか、と。もう日本の組織はどこでもそうなっていますよ。イエスマンでなければ上に行けない。「へそまがり」や「横紙破り」を一定数含むことで、一方向に偏らないように組織は制御されるべきなんですけれど、今の日本の組織は上から下までイエスマンで占められている。上の顔色と世の中の風向きばかり気にしている人たちで埋め尽くされた組織は滅びるのが早いです。トップが間違った選択をしたときに「それはまずいんじゃないですか」と諫言《かんげん》する人がもうどこにもいないんですから。

この実情を考えると、小選挙区という制度そのものの導入がよくなかったのかもしれませんね。

白井　そういう意見もありますね。

内田　小選挙区制だと、得票率と議席占有率が相関しないでしょう。わずかな得票差が劇的な議席差に反映する。小選挙区制を採用しているカナダでは、一九九三年の下院選挙で、与党が改選前の一六九議席から二議席にまで議席を減らすという椿事《ちんじ》がありました。得票率は一六％あったのに、議席占有率は〇・七％。こういうことが起きてしまう。二〇一四年の総選挙で、自民党の比例区得票率は三三％。これが政党支持率に近い数字のはずですけれど、選挙区を合わせた議席占有率は六一％に達しています。これを民意を適切に反映している選挙制度と言いうるのかどうか。

白井　「小選挙区制は弊害が多いから中選挙区制に戻すべきだ」という声は多いですが、たもともと「中選挙区制はよくない」という声が高まったから、小選挙区制にしたという歴史がありますね。

中選挙区制時代に指摘されていた問題は、中間団体による支配の構造でした。つまり派閥政治であり、金権政治であって、派閥や組織のボスが「カラスは白いんだ」と言ったら、「はい、カラスは白いです」と言わなければならなかった。「この制度の下では政治家が政策を競うこともなくなり、汚職もひどくなる一方だから、変えなければダメだ」という議論があって、今の小選挙区制に変わった。そうしたら今度は、派閥のボスの不条理な支配に代わって、党執行部の独裁と議員のイエスマン化が起きた。要するに、政治にかかわる人がそもそもダメなのだということが証明されたのだと思います。純粋に制度の次元のみを考えても、やはり一長一短があるわけで、単純に中選挙区制に戻しても、「やっぱりこれもダメだ」という結末にしかならないでしょう。

制度改革をやるのなら、よほど思いきったことをやらなければ意味がないと思います。アイディアはいろいろ考えられますね。たとえば古代ギリシャに倣って、選挙のどこかの段階で「くじ引き」を入れる。「くじに受かった人だけが立候補できる」という制度にしたり、あるいは「得票数上位二名で、最後はくじ引きで決める」というように、どこかで偶然性が入るシステムにする。そうすると、政治家に実力以上の権威が発生することがない。いくら崇め奉っていい気持にさせてご利益を引き出そうとしても、くじに外れて落選してしまうかもしれないからです。

任期の問題もあります。「なぜ議員の質が劣化するのか」と考えたときに、『とにかく議席を死守しなければ』という発想に囚われてしまうからだ」と言われます。

内田　アメリカの大統領は一期目は「再選があるから」というので、人気が下がりそうな政策は手控える。二期目になると、ようやく自分がしたいことができると言われてますね。

白井　「だったら、最初から一期しか務められないようにすればいい。そうすれば次の選挙のことは考えなくていいじゃないか」という考え方もあるわけです。たとえば参議院なら、「任期一〇年で一期だけ」と決めてしまうとかね。

内田 一期一〇年は長すぎるんじゃないですか。六年でいいですよ。

白井 本当に質の高い人材を国会に送り込めるのだったら、一〇年一期はいいシステムだと思います。ただどうやって良質な人が当選するようにしていくかは難しいところですけど。

内田 現実には参議院でも、二期一二年が限界じゃないですか。衆議院も制限するという考えもありますね。

白井 あるいは「一期務めたら次の選挙は出られない」と決めるとかですね。

内田 選挙制度については、僕は「投票の二日制」を提案しているんです。土日二日かけて投票をやる。有権者の半分には土曜日の投票券が、半分には日曜日の投票券が来る。まず土曜日の投票が終わると、その日のうちに集計して結果が出る。その開票結果を踏まえて、翌日は日曜日の投票券を持った人たちが投票所に行く。日曜組は候補者の中から当選する可能性がある人のうち「よりマシ」と思うほうに入れるから、死票が減る。それに自分の一票で選挙結果が変わるということが実感されるから、投票率も高くなる。

今だと夜の八時になって開票速報が始まった瞬間にテレビ局が当確を打つでしょう。あれ、ほんとうに見ててがっくりするんです。僕は開票速報は朝までどきどきしながら見たいんです。だから、投票を二日に分けたら、土曜日の晩にはまだ当確は打てない。朝まで手に汗にぎりながら開票速報を見ていられる。特に日曜日の投票券を持っている人間は土曜日の開票結果から目が離せない。コストを考えても、投票所を借りたり、立会人をお願いするのが、一日分増えるだけで、死票が劇的に減り、投票率が劇的に上がるなら御の字じゃないですか。

白井 ただ、それだと土曜日に当たった人は運が悪いですね。

内田 その点について議論はありそうですね。でも、今は投票率を上げること、死票を少なくすること、得票率と議席占有率を相関させるということが最優先なんじゃないかな。あと、投票日の前日に事前投票の集計結果を公開してしまう。

白井 それなら今すぐにでもできそうですね。

内田 すぐにできますよ、こんなことは。

白井 選挙制度については、ここでもいろいろアイディアが出たように、小さなことから大きなことまで、工夫すべき点は多数あると思います。ただ、政治学者や政治アナリストも、みんな制度論ばかりやっているのはどうかと思いますね。どんな制度にも弱点はあるものであって、制度の話ばかりしていると、精神の問題が忘れ去られてしまう。僕は基本的には「制度が悪くても、人間がしっかりしていれば大丈夫なんだ」という主意主義なんです（笑）。

内田　確かに、そのとおりですね（笑）。

白井　それと同時に、精神ができるだけ良いものになるような制度を創出しなければとも思います。

第2章

帝国化する国民国家と霊性

グローバル化とローカル化の波

白井　日本ではグローバル化の時代とローカル化の時代が交互に訪れる、という説がありますね。與那覇潤さんの『中国化する日本』（文藝春秋）という本が、シンプルな理論を使って、そのあたりを大胆に整理していると思います。與那覇さん曰く、「日本史とは、中国化する時代と江戸化する時代の交替の繰り返しであった」と。「中国化」というのは、日本の歴史においてはある種のグローバル化を意味するんですね。海外で発展している普遍的な制度に合わせようとするのが中国化の時代であり、その時代においては、その時々のグローバルスタンダードに合わせようという傾向が強くなる。そうした時代には海を越えた人の出入りも激しくなります。

そういう時代がある一方で、グローバル化に伴う負の部分の影響がひどくなってくると、逆転作用が生じて、今度は国内に閉じこもろうとする傾向が出てくる。外からの波乱要因をシャットアウトして、内部を安定させ、「みんなで仲良くやっていきましょう」という時代が来るわけです。それが「江戸化の時代」です。しかしながら、それを長くやっているとやはりある種の閉塞感が漂ってくるので、今度はまた外の世界のものを取り入れていこうという、次の中国化の時代がやってくる。

彼の理論図式によれば、江戸時代はまさに「江戸化」の時代だったわけです。その前の戦国時代は中国化、グローバル化の時代だった。それこそ山田長政のような人たちが東南アジアにまで出かけて交易していたし、秀吉は朝鮮に出兵しているし、地球の裏側からヨーロッパ人も来ていた。

しかし、「こういうふうにいろいろ出入りしているのが、混乱の源なのだ」と言って、家康がそういうものを全部禁じてしまうわけです。「中で暮らせ」と。しかもその中でも、一部の人間以外は今住んでいる場所を動いてはならないという、苛烈な固定化政策をやるわけです。大名たちに対しては参勤交代や土木工事をやらせて、反乱を起こす力も海外に出ていく原資もなくしてしまうよう、バタイユ的に言えば過剰なエネルギーを内部で蕩尽させてしまう。こうした政策をとることで国内はかなり安定したわけですね。

内田　そうやって二七〇年、平和が続きましたからね。

白井　大安定時代ですよ。ところがそこに黒船がやってきて、再び中国化、グローバル化の時代が始まったわけです。明治維新から大日本帝国の崩壊までは、途中で領土的な拡張もあったし、アジアだけでなく、北米、南米に移民も相当数が出ていくなど、強く中国化の傾向が見られた時代だった。そしてそれは第二次大戦の敗戦によって破綻するわけです。與那覇さんは、「中国化が破綻したので、昭和後期（＝戦後）は江戸化の時代になっていった」と指摘しています。

内田　「昭和後期」という言い方は新鮮だなあ。初めて聞きました。なるほど、戦後は江戸化の時代なんですね。で、また平成になってグローバル化し始めたと。

白井　はい、そういう見取り図なんです。

内田　それは僕もまったく同感だな。日本という国は、グローバル化とローカル化を繰り返してきているということは僕も同意見です。遣唐使の時代がグローバル期で、平安時代末期の清盛の日宋貿易の時代が次のグローバル期、戦国時代がグローバル期で、幕末・明治初期がグローバル期だった。異文化に対する開放度の高い時期と、内に閉じる時期が交互に来るんです。

世界とリズムがずれている日本

内田　グローバル化の時代とローカル化の時代が交代するインターバルがだんだん短くなっているという印象がありますけど。

白井　そうですね。世界経済という面から見ても、一つの体制が交代するまでの期間は短くなっていると思います。第二次大戦後、通貨は金ドル本位制を基礎とするブレトンウッズ体制でやってきました。これは資本の自由、国境を越えた移動の自由に対して、相当程度規制をかけるシステムです。これはドルを唯一絶対の基軸通貨とするシステムであると同時に、各国がそれぞれの国民経済を発展させるという考えで作られたものですね。日本の昭和後期の江戸化も、ブレトンウッズ体制を背景として可能になったといえます。しかしこの状況は永久には続かない。それはアメリカが資本主義世界の一強という立場だったから成り立つシステムだった。大戦直後の、アメリカ以外の先進工業国は全部焼け野原というような状況は、戦後復興が進むにつれて当然、是正されてくるわけで、そのためにアメリカではドルが国外流出して金ドル本位制が保たなくなって、「金とドルの交換を停止し、変動相場制に移行する」という、一九七一年のニクソン・ショックに至るわけですね。
一九八〇年代になってくると、アメリカ経済の弱体化はさらに進んで、アメリカは自らが生き延びるために、資本移動の自由化を言い出し、資本の運動への束縛をなくしていくわけです。それによって世界経済のグローバル化が進んでいった。しかし、二〇〇〇年代後半に入ってそれが行き着くところまで行って、「経済のグローバル化とは、実は恐ろしい脆弱性を世界経済にもたらすものである」という事実が認識されるようになった。二〇一〇年代の今、ヨーロッパでもアメリカでも、「行き過ぎたグローバル化に対して、ブレーキをかけなければいけない」という意見が真剣に語られるようになっている。それが現在の情勢だろうと思います。

内田　グローバル化の反動で、おそらくアメリカはこれからローカル化に向かうと僕は思います。それでも、アメリカは底力のある国だし、地下資源も豊かだから、世界帝国であり続けることはできなくなっても、ある程度以上の豊かさを保つでしょう。大英帝国のシュリンクという〝成功例〟がアメリカの場合は身近にあるわけですから、それをモデルにして、世界帝国を〝手じまい〟する手立てを探っているんじゃないでしょうか。イギリスはかつて一度は七つの海を支配した世界帝国が、大西洋に浮かぶ島国にまで縮減して、それでも大国としては生き延びたという歴史上希有な例ですから。

白井 アメリカも大英帝国のようにシュリンクすればいいのだと。

内田 アメリカは、世界帝国を縮減することで生き延びたイギリスの例に倣うと思います。当然、その過程では、かつての「英国病」と同じように、「米国病」が蔓延することになる。経済的に不活発になって、失業率が上がり、社会不安が増大するということは避けられません。でも、アメリカはイギリスに比べると資源が豊かですし、土地も広い。クレバーな政策を過《あやま》たず選択すれば、それほどの被害を受けずに「世界帝国の縮減」を果たせるんじゃないでしょうか。

白井 本来アメリカはあれだけ広大な土地と豊富な資源を持っているのだから、自己完結しようと思えばできるはずなのですよね。ただし、すでに長い間グローバリズムの牙城として機能してきただけに、どうやってモード転換するのかという問題があるでしょう。もっとも、長期的にはそうせざるを得ないし、ヨーロッパも同様にグローバル化と新自由主義の路線を根本的に見直さざるを得なくなる。格差と貧困の問題をはじめとする社会問題の多くが、グローバル化の暴走に起因することを認めざるを得なくなってきています。

そう考えると、今、安倍政権は日本経済のさらなるグローバル化を唱えているように見えますが、これは「世界が『もうやめよう』と言い始めているのに、まだ続けるんですか」というような、かなり時勢に遅れた施策になっていますよね。

内田 そう思います。グローバル化とローカル化はどちらがいい悪いということはありません。それなりの歴史的要件によって、国は開いたり、閉じたりする。歴史もあるリズムに従って動いている。それを感知して、適切な政策を採れば生き延びられるし、リズムを感知できなければ大きな傷を負う。

白井 おっしゃるとおり、日本は周囲からリズムがずれてしまっているんじゃないかということなんです。諸国が国民経済という単位を見直そうとしている時期に、TPPの旗を振って「グローバル経済しかないんだ」と首相が言っているわけですから。

内田 世界の変化のインターバルが短すぎて、政治家も官僚もついていけなくなっているという感じがします。動きにふりまわされていて、後手、後手に回っている。世界の趨勢に常に遅れる〝キャッチアップ〟路線よりは、とにかく「国民生活を守る」ということを最優先する国民経済という考え方に立ち戻るというぶれのない国家戦略の柱を立てたほうが結果的には得るものが多いと僕は思いますけれど。

国民国家は帝国化に向かう

内田 ただ、これからの国民国家のかたちが、従来のウェストファリアシステム（主権尊重、相互不可侵の体制）に戻るという感じは僕にはまったくしないんです。すでに国民国家の液状化はかなり進行している。あちこちで書いているように、国民国家システムが溶けて、「帝国化」のプロセスをたどるだろうというイスラーム法学者の中田考先生の予測は十分な説得力があると僕は思います。

中東やアフリカには、「国境線の一部直線」という国がいくつもあります。これらの国はすべてかつては植民地で、宗主国が引き揚げたあとに独立した国々です。これらの「かたちが不自然な国」は例外なく内戦、クーデタ、軍事独裁などを頻繁に経験しています。中央政府のハードパワーがきちんと機能していないのです。もともと存在した部族社会は、言語や宗教や生活文化を共有して、ひとつの共同体としてのまとまりを持っていたわけですけれど、植民地化するときに、列強同士のネゴシエーションで、もとからあった部族社会のテリトリーと無関係に地図の上に線を引いて国境線を画定してしまった。だから、同一の部族でありながら別の国の国民に区分されて引き裂かれるという事例があり、逆に、同じ国のうちに潜在的には敵対的で同胞意識のない部族集団をいくつも抱え込むということも起きた。同一の部族が国境線を越えて再び統合しようとすると、国境線の書き換えを求める領土戦争になり、同一国家内の異部族のヘゲモニー闘争が激化すると、内戦になる。今の中東やアフリカの破綻国家のほとんどは「国境線が直線」であるような国です。それは要するに自然発生的に国民国家としてのまとまりを獲得することができなかったということです。外的強制によって、人為的に国境線を定めるとこういうことになる。結局、国民国家の統合を最終的に担保しているのは成員たちの同胞意識なんです。「オレたちは同胞だ」という信憑なんです。だから、何かがあれば助け合わなければならないと思っている人々が具体的にそこにいる。そういう受肉した共同体幻想なんです。どうせ国民国家なんてすべて幻想じゃないかといえば、そのとおりなんですけれど、その幻想が受肉しているか、していないかは、国民国家の統合度に大きく影響する。中東・アフリカの「出来て日の浅い国民国家」は、残念ながらその共同幻想が受肉していない。だから、破綻国家が続出する。これを再統合しようとしたら、かつて一度は強い統合力を発揮した共同幻想に再登場願うしかない。

中田考先生が唱える「カリフ制再興」構想は、この「かつて一度は強い統合力を発揮した共同幻想」の再登場戦略というふうに言えると思います。オスマン帝国は一三世紀から二〇世紀はじめまで、まがりなりにも中東、バルカン、北アフリカを含む地中海世界を支配していたわけですから。中田先生によると、「アラブの春」のとき、エジプトのムスリム同胞団はこの戦いが上首尾に終わったら、トルコのエルドアン大統領をカリフに担いで、オスマン帝国版図を回復するという構想を持っていたんだそうです。エルドアンもカリフ指名を受けたら、受ける気だったという。そんな驚くべき裏話を内藤正典先生とお二人の対談でされていました。

スンナ派がオスマン系のカリフで一度まとまる。シーア派にはイスラーム法学者のトップとして、イランのハメネイ師がいる。だから、〝カリフ〟エルドアンがスンナ派を代表し、ハメネイ師がシーア派を代表して、この二つの政治主体がそれぞれ欧米と講和して「相互不干渉」の誓約を交わす。それが中東における虐殺と破壊を一時停止させるもっとも効果的なソリューションだと中田先生はおっしゃるわけです。それは政治的解決というよりはむしろイスラーム法の法理に従った解決策なんだそうです。僕も、今さら欧米とイスラーム世界が価値観の共有を達成することはできないだろうと思います。それぞれの陣営が相手の価値観やコスモロジーや言語や宗教や司法制度を「自分たちのとは違うけど、尊重する」という態度をとることでしか戦争は終わらない。僕もそれには同感です。

白井　今の情勢を見ると、統一へ向かおうとするイスラーム世界の動きに対して、「それはならぬ」ということで、シーア派に肩入れするかたちでロシアが介入しているという構図なのでしょうか。しかし、非常に素朴な疑問なんですけれども、シーア派とスンナ派というのは、なぜあそこまで仲が悪いんでしょうか。プロテスタントとカトリックのように、和解するということにはならないんですか。もっとも彼らも妥協に至るまでには壮絶な殺し合いをやったわけですが。

内田　僕もなぜあれほど仲が悪いのか、わかりません。僕たち非イスラーム教徒から見ると、いったいどこが違うんだよと思いますけど（笑）。ただ、実際の人口比では、スンナ派八に対してシーア派二と数の差が大きく、多数派であるスンナ派がシーア派の「異物だけれど存在を認める」というかたちになって相対的な安定を保っている。アメリカの場合もそうですけれど、拮抗する二つの原理を共同体内部に抱え込んでいるほうが組織的には強い、ということがあります。二原理の拮抗は共同体組織を不安定化させるのではなくて、逆に、共同体を活性化し、共同体を開放状態に保つ要因なんです。現に、ユダヤ教がそうですから。ユダヤ教は聖典であるタルムードに二つのヴァージョンがあり、かつては聖句解釈の権威として二つの学院があり、どの時代にも二人の偉大なラビが登場して、相手の解釈に異を唱えるということを繰り返してきました。聖句の解釈において、決して最終的解決に至らないように宗教共同体が設計されている。それによってユダヤ教共同体は今日まで生き延びてきたわけです。

イスラーム共同体も、意識的か無意識的か知りませんが、「同一宗教共同体内の二原理の拮抗」という方法を採用している。でも、考えれば当然だと思います。二原理が拮抗していれば、「われわれの共同体とはそもそもいかなる聖史的使命を託されて登場したのか?」というラディカルな問いが繰り返し主題化されざるを得ない。単一原理で共同体が律されてしまうと、「そもそもわれわれは何のために地上に存在するのか?」というおのれのアイデンティティーについての根源的な問いは誰も発しなくなる。重箱の隅をつつくような訓詁学に堕してしまって宗教が活力を失う。

それに、国民国家の国境線を超えた、スンナ派としての宗派的アイデンティティーの自覚は、あの地域における新たな地政学的動因になっています。「スンナ派＝トルコ系ベルト」の存在です。中国は最近「一帯一路（one belt, one road）」構想を打ち出しましたが、これは中国領の新疆《しんきょう》ウイグルから、中央アジアのキルギス、タジキスタン、ウズベキスタン、トルクメニスタン、アフガニスタン、アゼルバイジャンに至る旧シルクロードは、実はすべて「スンナ派＝トルコ系」地域なわけです。今は国民国家の国境線によって分断されていますけれど、遊牧民的エートスに従えば、宗教と言語と人種と生活文化を同じくする巨大な共同体であるわけです。それが今は国民国家内の少数民族といくつかの国民国家として分断されているけれども、別にこの分断は自発的になされたものではない。ソ連と中国という大国の利害によって線引きがなされた。ですから、ロシア・中国両国の中央政府のハードパワーが落ちてくると、このスンナ派＝トルコ系ベルトが国境線を超えて一つにまとまるという可能性はつねにあるわけです。これはロシアにとっても中国にとっても悪夢のような展開ですから、「一帯一路」構想やそこに巨額の投資を流し込むためのＡＩＩＢ（アジアインフラ投資銀行）構想が出てくる。中田先生はこの地域の動きを理解するためには、上海協力機構の動きに注目しなければいけないとおっしゃっていました。この機構には中国、ロシア、インド、モンゴル、イラン、パキスタンなどが参加していて、アメリカの世界戦略に対する対抗軸というふうに見られていますけれど、ユーラシア大陸の真ん中に「スンナ派＝トルコ系ベルト」が形成されることを阻止するための政治同盟という側面もあるのだそうです。

そういうふうに国民国家を固有の国益を追求するために独立的に動いている政治単位として見ると何が起きているのかわからなくなり、むしろいくつかの国家地域グループを形成して、それが実質的な政治単位となって、それぞれの集団的な目標に沿って動いていると見たほうが状況を把握しやすくなる。その切り替えが必要なんだと思います。そして、この地域的な政治単位を「帝国」ととらえる。中東にはスンナ派のオスマン帝国、シーア派のイラン、中国は清朝の版図を回復した中華帝国、ロシアはロシア帝国、インドはムガール帝国、ヨーロッパはドイツを中心とした神聖ローマ帝国。一方ではアメリカは北米大陸でカナダ、メキシコとのＮＡＦＴＡを軸にしたアメリカ帝国を形成する。そんなふうに世界はいくつかの帝国圏に分割されてゆくのではないか。その意味ではハンチントンの『文明の衝突』（集英社）の図式は、必ずしも間違ってはいないということになる。

中田先生は「僕は千年単位でものを考えるから」と言われたことがあります。千年とまでは言いませんが、今の話も、今年、来年にどうこうなるという話ではありません。もう少し長いスパンでの歴史的トレンドについて語っているわけです。でも、この見通しって、今起きているさまざまな出来事に伏流しているものを言い当てているんじゃないかって、気がしませんか。

白井　帝国論は今さまざまな論者が語り始めています。私たちは国民国家の時代をこれまで生きてきたので、「帝国の時代」をイメージするのがなかなか難しいのですが、イスラーム圏を観察してきた人たちは、そもそもイスラーム世界では国民国家が脆弱なものでしかなかったから、イメージする力がありそうですね。

内田　帝国の内部にあっては、現在の国民国家は解体されて、もっと規模の小さい、言語共同体や、部族集団、宗派団体のような、よりローカルな下位集団に分割されてゆくんだと思います。オスマン帝国の場合も、イスラームのさまざまな小宗派を含んでいましたし、キリスト教徒も、ユダヤ教徒も、ギリシャ正教徒も、コプト教徒もいた。そういう多民族・多宗教・多言語国家が帝国なんです。そこが国民国家と違う。欧米も含めて、これから全世界が多民族・多宗教・多言語の帝国に分割される。それぞれの下位集団は、民族・言語・宗教・生活文化において近しいものが形成するので、サイクス＝ピコ協定のような人為的に引かれた国境線で分割されてできた国民国家よりはおそらく実効的に機能する。

帝国化時代の日本の立ち位置

白井 世界が帝国によって分割されるとなると、日本は中華帝国の圏内に入ってくるわけですか。

内田 日本は立ち位置が非常に微妙ですね。中華帝国の東の辺境になるのか、アメリカ帝国の西の辺境になるのか。そこの見切りがつかないということが、帝国化時代の日本の苦しみになるかもしれません。

白井 日本の場合は、海が一つのポイントではないかと思います。海については大きく「内海」と「外海」という捉え方があります。内海という概念には、「離れた二つの場所をつないでいる海」という意味合いがある。対して外海は、「それによって二つの場所が遠ざけられる海」です。

日本列島には大きく分けて、西側の海と東側の海があるけれども、近代以前においては東側の海、すなわち太平洋は問題にならなかった。広すぎて、そちらに進んでも何もないからです。そこで先ほどの與那覇さんの議論のように、基本的には西側の海について、ある時代にはそれを内海と捉えて中国化し、別の時代には外海と捉えて江戸化した。海を通じて意識の上でのモードチェンジを行なってきたわけです。

ところが一九世紀に入って、それまでは気にしていなかった東の海から黒船が来てしまった。で、開国した。言ってみればそれ以降の日本は、西と東の両方と付き合わなければいけない状況になりました。グローバル化する場合は、西と東の両方を内海として捉えるという意識になった。しかし第一次のグローバル化は、大東亜戦争の失敗により、劇的に破綻するわけです。

戦後はどうなったのかというと、二つの海のうちの西側を外海と捉え、東側を内海と捉えるという、意識の上で非常にねじれた状況が生まれたんですね。そもそも海の広さからすれば圧倒的に西側のほうが狭いので、そちらを内海として考えるのが普通なのに、東西対立でアメリカ側に属したために、中国側にある西の海を外海にした。

そちらには対立する東側の盟主、ソヴィエト・ロシアがある。同じく東側に属した中国との国交もなかなか回復しない。おまけにその東側陣営の内部でソ連と中国が喧嘩を始めてややこしいことになった。さらにもっとも近い位置にある朝鮮半島は東西陣営に分裂し、その北半分はいまだに国交のない国であり続けている。そのような情勢があって、西の海を外海、遠ざけるための海と位置づけた。他方で広大な太平洋を内海として捉え、アメリカを最大の交易相手とし、輸出のための工業地帯を太平洋側に誕生させた。そういう地政学的な環境から、現実の距離という観点からすれば非常に不自然な状況を通して意識上の世界地図を描くことになったわけです。

ところが冷戦構造が終わったことによって、その意識の状態がまた変革を迫られた。東西の両方を再び内海として考えなければいけない状態に戻ったわけです。そこで出てきた問題とは、日本の歴史上、千年単位で考えたとしても、東西両方の海を内海として捉えて、うまくいった試しがないということです（笑）。

内田 なるほど、それは成功例がないですね。今のところ、日本は日本海を外海として扱っているわけだけれども、こうしてご指摘を受けてみると、その状態は明らかに無理がありますね。なにしろ本当に「一衣帯水」なんですから、いつまでも「海の向こう」といって中国大陸を意識から遠ざけようとしても不可能でしょう。

白井　はい。日本地図を真っ逆さまにひっくり返したものを見たことがあるのですが、それを見ると、日本海は海ではあるけれど湖に近いもののように感じられます。そんな日本海を外海として見るというのは、本当に不自然なことです。

内田　日本の文化そのものが、中国大陸と朝鮮半島の影響下で形成されてきたものですからね。アメリカ文化が本格的に入ってきたのは戦後になってからで、まだ七〇年。それ以前の千数百年、大陸半島文化の影響下にあった。いまだに漢字を使っているし、お箸を使ってご飯を食べているし、儒教や仏教の教えは深く身体化している。明治以降は欧米の文化が入りましたけれど、日本はどう考えてみてもキリスト教文明圏には入りません。

未来学者のローレンス・トーブさんという方がいて、この人もハンチントンや中田先生と同じようにスケールの大きな地域分割論を語っているんですけれど、トーブさんによると、中国、韓国、北朝鮮、台湾、日本は同文同種ですから、いずれ「儒教圏（Confucio）」という集団を形成することになるそうです。

中国のシルクロード進出

白井　千年単位で見て上手く行ったことがない状況が出現する一方、資本主義経済の世界的な行き詰まりという事態が同時に生じてしまいました。現時点で世界の景気を押し下げている要因として挙げられるのが、まず第一に中国の過剰生産ですが、これはきわめて古典的な構図のデフレの原因となっている。中国の「一帯一路」という中央アジアへの進出計画にしても、その裏にあるのは中国の膨大な過剰生産設備をどうやって稼働させるのか、それを吸収する需要をどう創り出すのかという経済問題です。そのためのニューシルクロードであって、中央アジア一帯でインフラ建設をやって、そこへ中国の過剰生産を流し込んでいく。建設のファイナンスのためにＡＩＩＢを作って、それを通じて資金を入れていくという、壮大なプロジェクトですね。

しかしそれは、先ほど話に出たイスラーム帝国が形成されつつある場所と、地域的にかぶるわけです。中国はいったいそれをどうマネジメントしていくつもりなのか。アメリカもソ連も、過去に中央アジアのイスラーム地域に手を出して、痛い目に遭っているわけです。アフガニスタン問題がその典型です。それぐらい危うい話であるにもかかわらず、中国の資本主義がクラッシュしないために、やらざるを得ないんだという判断があるものと思われます。上海協力機構に注目すべきだというのはまったく同感で、これは中露を中心としてこの地域をどのように統治していくかという試みでしょう。

とはいえ、仮にマネジメントがそこそこ上手く行ったとして、インフラ整備によって中央アジアが工業化したら、また生産設備が新たにできてしまうわけで、過剰生産は一段とひどくなることになる……。いたちごっこです。

内田　「一帯一路」計画は、かなりリスクが高いんじゃないですか。シルクロードに鉄道を通すということは、移動の利便性が一気に高まる。鉄道沿線のスンナ派部族が交通網でつながる。それによって、これまで国民国家の国境線で隔てられていた諸部族をひとつながりの「イスラーム・ベルト」を形成する方向に棹を差すことになるでしょう。鉄道が通り、高速道路が通り、中央アジアの地域経済が力をつけてくれば、それはそれでスンナ派＝トルコ系民族の人たちが機動性を増すわけで、果たしてそれを中国やロシアが制御できるかどうか。

白井　アフガニスタンに関しては、イギリスもうまく統治できなかったわけですから。

内田　歴史的には、どの国もうまく治められた例しがないですね。中国だって漢の武帝以来、西域にはたいへんな苦労をしたし、オスマン帝国の最大版図もカスピ海西岸までしか達していない。イギリスもロシアもアメリカもアフガニスタンに踏み込んで、たいへんな目に遭ったじゃないですか。

日本文化は端境期に生まれる

内田　先ほど、日本ではグローバル化の時代とローカル化の時代が交互に来るという話がありましたが、日本の場合、グローバル化が終わって内向きになったとき、あるいはローカル化が終わってグローバル化が始まる二つの時代の端境期に、ユニークな文化が生まれてくる。汽水域的な時期が文化的には多産なんだと思います。

鈴木大拙の『日本的霊性』によると、鎌倉時代までの日本の文化は中国からの輸入で、日本オリジナルではなかった。かつ、それは都市文化だった。それが鎌倉時代に入ってはじめて、土着の文化が日本国内に発芽した。それが武道であり、能楽であり、鎌倉仏教であったわけです。そのときに日本固有の文化が生まれた。大拙はこれを「大地の霊」に賦活されたものだというふうに形容しています。文字どおり、足の裏から大地のエネルギーを吸い上げるようにして、土着の文化が出来上がってきた。

日本が最もグローバル化したのは、たぶん戦国末期から江戸初期だと思います。多くの日本人がアジアに雄飛した。バチカンにまで人を送った時代です。フィリピンにも、インドシナにも、インドネシアにも日本人が進出していった。呂宋《るそん》助左衛門とか山田長政とか高山右近とか支倉《はせくら》常長という人たちはクロスボーダーな活動を展開した。

その中でもグローバル化の象徴ともいえる出来事は、一五八〇年の、大村純忠による長崎のイエズス会領への寄進だと思います。自分の領地を周辺からの侵略から保全するために権威者に名目的に寄進して、その保護を受けて実効支配した。このシステムは平安時代の荘園制からよく行われていたものです。純忠の場合は寄進先が「都の貴族や寺社」から「イエズス会」に代わっただけで、構造そのものは変わっていない。だから、純忠自身はそれほどエポックメイキングなことをしたという自覚はなかったんじゃないかな。でも、もし純忠のアイディアがうまくいったということになると、他の西国の領主たちも次々とキリスト教の洗礼を受けて、バチカンだとかドミニコ会だとかベネディクト会だとかに領土を寄進してその保護を受けるということが起きたかも知れない。それも一種のグローバル化と呼んでいい。でも、秀吉や家康には「これはまずい」という判断があって、そういう企てを全部潰していったんだと思います。キリスト教を禁止して、外国人の入国を制限して、鎖国体制に持ってゆき、一方の極から他方の極まで一気に針が振れた。その鎖国状態が二〇〇年以上続いて、幕末から再びグローバル化していった。

幕末の頃はたしかにグローバル化を志向したように見えますけれど、そのあとの明治政府が外部に対して開放的な政体だったかどうかははなはだ疑問です。日清・日露戦争から満州事変、日中戦争に至る時期、たしかに領土は拡大したけれど、外来文化との交流によって「汽水域」的な文化が生じたという印象を僕は持ちません。むしろ、内向きに純化の方向に向かったように感じます。

白井　ハンナ・アーレントが『全体主義の起原』(みすず書房)の中で、「帝国」と「帝国主義」を区別して、後者は国民国家を無制約的に膨張させる運動だと論じています。つまり、ローカルなものを力づくで空間的に拡大する。この観点は、文化の側面を考える際にも重要だと思われます。近代日本の帝国主義は典型ではないでしょうか。宗主国は、文化の融合によって自国の文化を刷新するのではなく、自国の文化をただひたすら押しつけるという振る舞いをする。

グローバルとローカルの狭間で異なる文化が融合され、新しい豊かな文化が育まれるという日本の文化史の法則があるとして、それを日本の植民地とされた地域に当てはめてみるとどうでしょう。たとえば台湾は、日清戦争で一八九五年に割譲されて、一九四五年に第二次大戦の日本の敗戦で離脱していますから、日本が統治していた期間がちょうど五〇年間あるわけです。その間には、異なる文化のぶつかり合いが起きていたはずですよね。もとからあった台湾文化と日本文化のぶつかり合いの結果が、何かしら遺産として残っているはずなのですが、それが日本にはなかなか伝わってこない印象があります。

内田　意図的に日本の影響を消そうとした韓国に比べると、台湾のほうが日台ハイブリッドの文化が残っているような気がします。いまだに日本語を話す人も多いですし、若い人の現代日本文化に対する関心も高いです。

八〇年代ぐらいに『悲情城市』や、九〇年代に入って『多桑（父さん）』といった台湾映画が日本で紹介されるようになりましたね。映画を観て僕が一番驚いたのは、日常生活の中で日本語を話している人たちがふつうに出てくることでした。『父さん』の冒頭は、主人公の台湾人の中年男性がラジオでＮＨＫのニュースを聴いているシーンです。このお父さんは「日本に行って、富士山と皇居を見ることが夢」という設定でした。彼が同じように日本文化好きの仲間と連れだって街に繰り出して映画を観に行く場面がありますけれど、そこで上映されていたのは『君の名は』です。佐田啓二と岸惠子の。『君の名は』は一九五三年製作の松竹映画ですから戦後すぐの時期でも、台湾国内には日本映画を観たいという人たちが一定数いたことがわかります。それに比べると、韓国の日本文化禁止はずいぶん長く続いた。韓国で日本映画の上映が解禁されたのは一九九二年になってからです。地上波での日本のテレビドラマ放映禁止はまだ続いています。

同じ植民地支配といいながら、台湾と韓国の温度差はこれほど大きい。こういう差は「五十歩百歩」ではくくれないと思います。植民地経営の適否について比較論を行うというような作業は、「植民地主義そのものが悪なのだから、『すごい悪』と『よりましな悪』の違いについて研究することに何の意味があるのか」というロジックによって一蹴されてしまうわけですけれども、「五十歩」と「百歩」ではやはり「五十歩」分の差があるわけで。その

「五十歩」の差が人の生き死ににかかわったということだって当時はずいぶんあったと思いますし、戦後の外交関係にも濃密に影を落としていると思います。だとすれば、「比較植民地論」という学問があってもいいんじゃないかと思うんです。満洲、朝鮮半島、台湾、南洋諸島、戦時中のフィリピンやインドネシアやベトナムと大日本帝国は各地で植民地統治を実践していたわけですけれど、その中には、比較的うまくいったところと、まるでうまくいかなかったところがある。戦前の植民地主義全体を一律に「帝国主義」として包括的に否認してしまうと、そういう統治システムの中でも、なんとかことの筋目を通したり、惻隠《そくいん》の情を以て現地人に接しようとした人の努力は無に帰すし、逆に、植民地支配における権力の非対称性を利用して、植民地現地人を差別迫害したり、彼らの私財を掠めておのれの私腹を肥やしたりした人が個別的に追及されるということもなくなる。植民地支配にだって「ひどい」ところと「それほどひどくなかった」ところの濃淡の差があったわけで、それは無視してよいものじゃない。そして、現地の制度や文化とそこそこ折り合いがついたケースがもしあったのなら、なぜそれが可能だったのかを学術的に検証しなくてはならないと思うんです。その作業を怠ると、明治維新から敗戦までの歴史経験から日本人は何一つ学習しなかったということになってしまう。

世界中に植民地を展開したイギリス人やフランス人は、ずいぶんあくどいこともやったけれど、それでも少しずつ失敗から学習してはいます。だから、シンガポールにしても香港にしてもインドにしてみても、上流階級の人たちはいまだに英語を話して、午後にはハイティーを楽しみ、子どもたちをケンブリッジやオックスフォードに留学させている。それはイギリスが今も旧宗主国として文化的な求心力を失っていないからです。あれだけ苛烈な植民地支配をやったにもかかわらず、英国に対する憧れは損なわれていない。よほど狡猾に植民地支配をしていたんだなと思います。

白井　そうですね。欧米の植民地の中でもアフリカなどでは、もともとの現地における文明とヨーロッパにおける文明の違いが非常に大きかったという面があると思うんです。これはどっちが上等な文明かということではなく、端的に違いがあまりに大きかった。

他方で、日本と朝鮮を考えた場合に、かつての中華帝国の版図の中での位置づけからすれば、周辺国家である朝鮮に対して、日本はさらにその周辺の国なんですね。アフリカや南アジアと違って、まったく異質の文明的出自を持つ相手に支配されたわけではない。そのことが容易には解消できない軋轢《あつれき》をもたらしているという側面があるでしょう。

日本の植民地支配の過去をどのように総括するかについては、難しい状況が続いています。一方には、「われわれ日本人が近代化してやったんだ」という右派の身勝手な論調があり、政府が公式の謝罪や賠償を最小限化しようとしたことで、こうした論調がはびこり続けた。その結果、いつまで経っても「まだ、断罪・反省が足りない」という議論に左派は傾きがちになってしまう。結局これも、永続敗戦レジームの問題なのです。内田先生のおっしゃるような意味のある総括は、レジームが転換されない限り出来ないと思うのです。

低迷するフランス

白井 現代ヨーロッパに目を転じてみると、今名実ともに中心となったのがドイツですね。

内田 ＥＵの中では完全に抜け出てますね。

白井 うちの学校では、一学年からは第二外国語を取っても取らなくてもいいんですが、選択科目の希望を集計してみたら、今年はドイツ語が大躍進でした。

内田 若い人はやっぱり見てますね。フランスの落ち込みと比べると、ドイツのふるまいの賢さは際立ってますからね。ヨーロッパに〝ドイツ第四帝国〟が出現する可能性が高いですから。若い人のほうが、やっぱり鼻がいいですね。

白井　うちの学校だけなのか、広範にそういう現象が見られるのか、よくわからないのですが、勘がいいなという気はしますね。

内田　国の勢いというのは、一世代の間にもどんどん変わりますね。僕が大学に入った頃は、理系が履修する第二外国語の一位はロシア語でした。それは一九六〇年代に宇宙開発において、ソ連のほうがアメリカをリードしていたからです。

白井　当時は特に物理屋さんはロシア語をやらなければいけなかったですよね。

内田　文系では当時はもちろんフランス語が一位でした。当時のフランスの文化的な発信力は圧倒的でしたから。それに比べると、今のフランスの文化的な生産力は悲しいほど低下しましたね。

白井　フランスといえば最近、話題の書、ミシェル・ウエルベックの『服従』（河出書房新社）を読みました。昨年発表された近未来小説で、「二〇二二年にムスリムがフランス大統領になった」という設定なんですが、主人公はユイスマンス研究者の大学の先生で、この人物が何だかんだと脳内で理屈をつくり上げて最終的にはイスラーム教に改宗してしまうというのが物語の筋ですが、一番印象的だったのは、「フランス人はここまで自信を喪失しているのか」ということでしたね。

内田　フランス人はかなり自虐的になってますね。エマニュエル・トッドが、フランス各地で起きた「私はシャルリ」デモを題材にして書いた『シャルリとは誰か？』（文春新書）という本も自虐、自嘲ベースでしたね。「ゾンビ・カトリシズム」とか、言葉が烈しい。

白井　彼らの本を読むと、フランスでは反イスラームだけではなく反ユダヤの動きが強まっていることへの危機感が強く打ち出されています。

内田　フランスはもともと反ユダヤ主義とファシズムの発祥地ですから。ゼノフォビア（排外思想）の伝統は長いんです。トッドによると、フランスの中でもパリ盆地と南仏あたりがリベラルで平等主義的、残りの地域はトッドがＭＡＺと呼んでいる「中産階級（classes Moyennes）・高齢者（personnes Âgées）・ゾンビ・カトリック（catholiques Zombies）」という三条件で構成されているエリアで、ここが反イスラームの拠点となっている。トッドの説では、ここが一九世紀の終わりに反ドレフュス派＝反ユダヤ主義の拠点だった地域であり、ヴィシーの対独協力政権の支持基盤でもあったそうです。だから、一〇〇年経っても、それぞれの地域の政治性はまったく変わっていないのだというのがトッドの見立てです。それは地域において支配的な家族システムと宗教性によって規定されており、家族システムや宗教性というのは一朝一夕で変わるものではないわけですから、一〇〇年経っても、そのつど政治的意匠を取り換えながら、同じパターンが繰り返される。

ウエルベックとトッドは作家と家族人類学者と、立場も手法もまったく違いますが、二人ともフランス社会のイデオロギー的な硬直性と知的劣化に対しては同じくらいに容赦ないですね。

僕は長くフランスの知識人の書いたものを読んできましたけれど、今ほどまで自信を喪失した時期はなかったと思います。知識人たちは自分の知性の鋭敏さをフランス社会をいかに容赦なく批判するか、その仮借なさを競っているような印象がします。確かにその分析は怜悧なんですけれど、救いがないんです。こんなものを読まされていたら、フランス人はただ嘆息して、肩を落とすだけでしょう。このままではフランス人は国民的な自尊心を回復できないんじゃないでしょうか。僕たちの世代が憧れていた五〇年代、六〇年代のフランスの文化的豊穣性はもう望むべくもないです。

白井 ただ彼らは、このまずい現実を真っ直ぐに見ろと言っているのだと思うのです。直視しなければ解決もあり得ないのですから。トッドに言わせれば、シャルリ・エブド襲撃事件の後に、みんながこぞって「私はシャルリ」の標語を掲げて街頭に出てきたわけだけれど、あんなことに熱をあげるのはゾンビカトリックの集団的ヒステリーであって、そこに「共和国の精神」を見てしまうなんてのはとんでもない知的劣化であり、現実からの逃避である、と。そう言わざるを得ない状況があるし、そんな現実の情けなさに彼ら自身がある意味で傷ついていて、それが激しい言葉遣いにもなっているんだと思うんですね。今回のことで、トッドは本当に勇気のある人物だと思いました。シャルリをめぐっては四方八方から袋叩きに遭っているようですが、一歩も退かずに言うべきことを言っている。

自虐的という意味では、僕らが日本でやっていることも少し似た面はあるでしょう。どうしても「なぜ日本はこんなにダメなのか」と分析することになってしまう。

内田　『シャルリとは誰か？』の日本語版の序文では、ゼノフォビアについては、日本も同じ状況だろうと書いていました。

白井　大差ないでしょうね。

内田　ただトッドもウエルベックも、「じゃあ、こういうふうにすればいい」という前向きな処方箋を出してないんですよ。僕らは一応日本社会を容赦なく分析しても、「じゃあ、どうすればいいのか」を必死に考えているじゃないですか。

白井　「フランスはなぜこんなにおかしな状態になってしまったのか」という疑問に対するウエルベックの回答は、単純に言えば、「カトリック信仰を失ったからだ」ということですよね。「でも今さらカトリック信仰を取り戻そうと思っても、もう無理だろう」と書いているわけで、そこが冷たく突き放した結論になっています。

内田　ウエルベックはフランスがダメになったのは、フランス人が信仰や家族愛や労働倫理を失ったからだというふうに解釈している。トッドは逆に、そういうものにしがみついているからダメなんだと書いている。でも、国民国家は霊的な統合軸がないと保たないんじゃないかというウエルベックの見立てのほうに僕は共感を覚えますね。

白井　同感です。世俗化の中で宗教に代えて、ナショナリズムという心情を国家共同体のある種の霊的な支えとしてきたけれども、国民国家が経済的単位として意味を失いつつあるなかで、もはやそれで支えるのは無理である、と。フランスはかつて宗教批判をもっとも苛烈にやった国であるがゆえに、霊的な支えの欠落が劇的に感じられるのでしょうね。

国民国家としての日本を支えている天皇制

白井　日本の場合、国民国家を支える霊性はどこにあると考えられるでしょうか。

内田　誤解を恐れずに言えば、日本がなんとか統合を保っているのは、天皇制のおかげでしょう。日本で霊的な統合軸として唯一可視化されているのは天皇制ですから。

今上天皇陛下と皇后陛下について、国民の中には、その誠実さ、清廉潔白、国民への気づかいについては深い信頼が根づいていると思います。だから、民の安寧を祈ることだけを主務としている人の姿を具体的に見ることできる。こういう霊的な制度を保っている国は近隣にはありません。以前に韓国の人から、「日本には天皇制があって羨ましい」と言われたことがあります。ちょっとびっくりして、「なぜですか?」と訊いたら、「韓国は国家元首であった大統領がしばしば任期が終わるとすぐに在任中の不祥事や家族の犯罪に連座して刑事訴追されるから」と言っていました。確かにそれはつらいと思う。国家元首が退任するとすぐに在任中の違法行為を咎められて逮捕されるということは、国家の最高権力者に道徳的な誠実さを期待できない、大統領は国民の倫理的な規範にならないということですからね。たしかに、元国家元首の逮捕がもたらす社会倫理の荒廃は非常に大きいと思います。それに対して、日本の場合は仮に総理大臣経験者が逮捕されても、汚職の疑いを持たれても、それは天皇陛下のインテグリティ（道徳的清廉）に対する国民の信頼には何の影響ももたらさない。

白井　脱右翼宣言をした鈴木邦男さんにお会いしたときに、昭和天皇の映画（『太陽』）を撮ったロシアの映画監督、ソクーロフの話になったんです。鈴木さんによると、ソクーロフさんは天皇が大好きだそうです。あの映画には歴史考証的に随分と甘いところがあると思うのですが、それはともかくソクーロフさんの昭和天皇への人間的共感みたいなものが透けて見えるわけです。それで「ロシアは革命でツアーリ（皇帝）をなくしてしまったから、やっぱり淋しいんでしょうかね」という話をしたんですが。

内田　二〇世紀の初めまでは、皇帝国王がヨーロッパにはたくさんいましたから。第一次世界大戦開始時点で、ロシアにはニコライ二世、ドイツにはヴィルヘルム二世、イタリアにはヴィットーリオ・エマヌエーレ三世がいた。フランスも一九三〇年代まで王党派がいて、パリ伯をブルボン朝の正統な王位継承者として担いでいた。シャルル・モーラスもモーリス・ブランショも王党派です。

白井　鈴木さんに会った機会に、「フランスの右翼は今、どうなっているんですか。王党派はいるんですか」と、前からお聞きしたかったことを訊ねたんです。そうしたら、「もういません」とおっしゃっていました。

内田　さすがにもういないでしょうね。今のパリ伯はアンリ七世という人ですけれど、政治的プレゼンスはまったくない。王党派はヴィシー政権に加担したのが失敗でしたね。あれで完全に戦後フランス社会には居場所がなくなった。のちに恩赦を受けたけれど元首のペタン元帥は死刑判決（のちに終身刑に減刑）を受けましたし、ヴィシー政府の首相だったピエール・ラヴァルは銃殺されたし、モーラスも終身禁錮刑を受けました。トップが利敵行為で有罪判決を受けたら王党派は保ちませんよ。

白井　日本の現状を振り返ると、危機の深さはフランスに劣らないものと感じられます。原発の問題にしても、あれだけの国土の汚染が発生したにもかかわらず、保守派の主流はどうやら痛みを感じない人々であるらしいことがわかりました。彼らは「保守」を名乗っているけれど、守るべき郷土など実は何も存在しない。実に奇妙な「保守」です。原発事故によって、物理的に国土が汚染され、周辺住民への被害が出ただけではなく、大地に対する罪をわれわれは犯してしまったと僕は思いますが、彼らにはそのような感覚はないわけです。

そのことと今の安倍政権の対米従属路線、永続敗戦レジームの純化は首尾一貫しているのです。永続敗戦レジームとは戦後の国体ですから、戦後日本にとって、本当の天皇はアメリカにほかならない。このレジームが死に物狂いの現状維持を図ろうとしているわけですが、それはこのレジームの原理を純化することによってです。その過程で「天皇＝アメリカ」という構図が表面化してくるわけですが、この構図を隠そうともしないということは、もはやこの国に霊性などありはしないと告白しているに等しいですね。霊性がないのだから、国土に聖性もない。だから放射能汚染を起こしても平気の平左というわけです。TPPによる農業の壊滅も同様ですね。こういう具合に、今の安倍政権の路線は、天皇のアメリカ化を通じた日本の霊的な危機を表現するものであり、同時にそれを促進するものでもあると思います。それをどう立て直していくのか。そのためには、怪しい言葉になってきますが、「日本人には霊的救済が必要である」という話をしなければならないでしょうね。

第3章

コスパ化する民主主義と消費社会

大衆の幼稚化とデモクラシーの危機

白井　ここで、消費社会の問題、人間の消費者化の問題についてあらためて話し合いたいと思います。教育問題も民主主義の問題も、困難の源は、結局ここにあるからだと感じるからです。

アメリカの政治学者ベンジャミン・バーバーに、『消費が社会を滅ぼす?!——幼稚化する人びとと市民の運命』（吉田書店）という著書があります。「消費社会化で人々が幼稚化しているという現実があるけれども、それは資本家側が意図的にそうし向けているのだ」という内容です。

内田　消費者はマーケットによって意図的に幼稚にさせられているというのはそのとおりですね。

白井　この本は副題が「幼稚化する人びとと市民の運命」となっています。テレビCMを見て、すぐに影響を受けて消費する層は子どもや若者ですが、人口の高齢化が進むと、その効果が落ちてしまう。だったら、高齢者を含めて全部の大人を子どものままでいさせればいい。資本の側はそういう発想になるわけです。バーバーはそこで、「人々が幼稚化した場合に、果たしてデモクラシーに未来はあるのか」という問題提起をしています。

内田　確かにその危険は大きいですね。近代市民社会論の基本原理は、「市民が自己利益の安定的な確保のために、私利私欲の追求を部分的に自制して、公的権力に私権の一部を委譲する」ということなわけですけれど、この原理が成り立つのは、市民がひたすらエゴイスティックに私利私欲を求めるのと、私権の一部を公権力に委ねて共同体を安定的に保つのと、どちらが自己利益を増大させる上で有利かについて正しい判定ができるくらいには知恵が働くということが前提とされているからですね。市民がバカで、「社会なんかどうなってもいいから、オレだけよければそれでいい」というふうに考えたら、近代市民社会は成立しない。でも、まさに今の世界では、市民がどんどん幼稚化して、「短期的な私利だけを優先させていると、場合によっては長期的には間尺に合わないことが起きる」という条理がわからなくなっている。このまま市民としての最低限の知性が失われてしまうと、確かに「デモクラシーに未来はない」ですね。

白井　バーバーの問題提起は内田先生や私が所々で意見表明してきたことと同じではないかと感じます。こうした重要な出来事については、同時多発的に世界中でいろいろな人が気づくことがありますから。

学生たちを見ていて思うのは、「今、若い人たちが世界から受け取っているのは、『買い物以外、この世の中で大事なことは何一つない』というメッセージではないか」ということです。間もなく一八歳に選挙権が賦与されますが、学校の社会科の先生が、「君たちはもうすぐ投票権を得るんだ。投票というのは大事なことなんだ。国会は国権の最高機関であり、君たちは主権者だ」と一生懸命言ったとしても、生徒たちは学校の外に一歩出た瞬間、「この世の中には買い物以外に重要なことは何一つありません」というメッセージを、四方八方から受けるわけです。絨毯爆撃に遭っていると言ってもいいくらいです。そうなると先生が何をいくら言っても、虚しいことになってしまう。

ジョージ・カーリンというアメリカのコメディアンが「どうでもいいモノを借金してまで買いまくるようにさせたいんだから、そりゃ賢くなってもらっちゃ困るだろ！」とズバリ言っていましたが、そういう形で「愚民化」あるいは「B層化」を進め、その対象になっている人たちからできるだけ多くを搾り取ることが、消費社会におけるマーケティング戦略の根本になっている。この構図の中では、「市民」なるものはどこにも存在しません。

内田　社会契約というのは、自律的・合理的に思考できる市民が存在するということが前提になっているわけですけれど、今の消費社会はそういう「合理的に思考できる市民」を育成する気がないですね。みな「どうやってカネを儲けるか」しか考えていない。いや、儲けたければ、儲けてもいいんですよ。ただ、その場合でも、目の前にあるものに飛びついて、それを費消し尽くしてしまったら、先ゆきカネが儲からなくなるという見通しが立てば、現時点での欲求を自制するはずです。「間尺に合わない」ことはしない。でも、今はそれができなくなっている。「間尺に合わない」という言い方自体、ほとんどもう耳にすることないですもの。

白井　消費社会についてはさまざまな定義がありますが、私なりにこれを定義するなら、「消費の対象の背後にある血なまぐさい現実について、人々が一切想像しなくなっている状態」ではないかと思います。

たとえば、ここにスマホがあります。これを買って、便利に楽しく使うことはみなやっている。一方で「このスマホがどこでどうやって作られたのか」という想像は、おそらく大部分の人がしていない。アップルから製造を委託された台湾企業が、中国で労働問題を起こして話題になりましたけれども、部品まで遡れば、どのスマホもそんなふうにして世界中の工場を使って作られ、その中にはひどい搾取も含まれているでしょう。さらに素材まで遡るなら、スマホは金属や石油製品でできている。石油の採掘には、血なまぐささがつきまといます。石油の利権をめぐって世界的に武力闘争が行なわれてきた歴史があり、今もリビアやナイジェリアあたりの石油のパイプラインではＩＳなどの武装ゲリラの襲撃を受けていて、施設を守るためにシェルやＢＰなど世界の石油メジャーが民兵を雇って、襲撃してくるゲリラを撃ち殺しているわけです。

なべてわれわれが普段使っているあらゆる商品の背後には、そういった血なまぐさい現実というものが存在する。しかし現代の消費社会においては、その現実は消費者から隠されている。商品の背後に残る血の痕跡を消していくことに大変な努力を払うのが、消費社会の特徴です。

ディズニーランドなどは、まさにそうした消費社会のシンボルと言っていいでしょう。日本では一九八〇年代前半、消費社会がまさに爛熟期を迎えようとする時代にオープンしました。「背後にある現実を隠しきって、消費者に夢の国を提供する」というディズニーランドの戦略が、見事に時代の波に乗ったわけですね。

ちなみに、以前旅行代理店の方と話した時に「どうして東京行きの格安高速バスの終着点が東京ディズニーランドであることが多いのか」という話を聞いたことがあります。二〇一二年に関越道で大事故を起こしたバスは、ディズニーリゾート行きでした。それは、ディズニーランドに行きたい客が多いからだけではなく、他の場所に比べて大型車の駐車料金が安いからだそうです。ですから、過酷なシフトで疲れ切ったバスの運転手がディズニーランドの駐車場の車内で死んだように寝ている。「夢の国」から一歩出た先にはそのような現実がある。この途轍《とてつ》もないアンバランスが事実上のバランスとなって成り立っているのが、現代の消費社会ですね。

反米から親米への転換点

内田　今、お話を聞いていて思ったんですが、戦後の日本人の対米感情がそれまでと反転するのが、僕の記憶では、だいたい一九七五年頃なんです。一九六〇年には安保闘争があり、六〇年代の後半からは全共闘運動とベトナム反戦闘争が盛り上がった。日本はベトナム戦争の後方基地として、間接的にベトナム侵略に加担し、同時にベトナム特需で経済成長の恩恵に浴していた。同じアジア人の血であがなった平和と繁栄なわけで、その受益者であることについての疚《やま》しさがあって、それが激しいベトナム反戦・反米闘争というかたちをとったと僕は解釈しています。それが七〇年代はじめまで続いた。ところが、七五年にベトナム戦争が終わると、その反米気運が一気にしぼんで、たちまち親米的な空気が日本社会に拡がっていった。

僕はそのとき東京で暮らしていたわけですけれど、反米から親米へという劇的な転換がリアルタイムで起きていたことにまったく気がつかなかった。もちろん日本人が主導したわけではなく、ある程度まではアメリカ自身が「反米気運の鎮静プログラム」についていろいろ頭をひねって、ベトナム戦争で悪化したアジア一円におけるアメリカのイメージの転換を図ったのではないかと思いますね。日本は後方支援基地でしたから、ベトナムでトラウマ的経験をした多くの帰還兵を実際に受け容れたし、韓国はベトナムに派兵までしている。だから、「この戦争に大義はない」ということは、兵士たちを含めて実感として多くの人が共有していた。その「汚い戦争」がとにかく終わった。僕がアメリカ政府の役人なら、

「まず、『汚いアメリカ』というイメージを一新しないと西太平洋におけるアメリカの世界戦略がうまく進まない。とにかく各国に親米感情の醸成のために手立てを考えよう」と思ったはずです。

このときアメリカのイメージ転換戦略において、最大限に活用されたのが、アメリカのカウンターカルチャーだった。もともとアメリカの中においても、ベトナム反戦を唱えるリベラルの運動は根強かったわけです。キング牧師の公民権運動、マルコムXやモハメド・アリのブラック・ムスリム、ヒッピームーブメント、アメリカン・ニュー・シネマ、反戦フォークといった政治的・文化的な〝カウンター〟が国内でもホワイトハウスと軍産複合体をはげしく批判していた。ベトナム戦争が終わるとそれまで〝カウンター〟だったものがメインカルチャーに取って代わって、「自由と反抗の精神こそがアメリカだ」ということになった。

七五年ぐらいから後、日本の若者向けメディア、『ポパイ』とか『ホットドッグ・プレス』といった男性誌は「ウエストコーストカルチャー」一色でした。ラジオもテレビもそうでした。いつの間にか、ロックを聴いて、サーフィンをして、リーバイスのジーンズを穿いて、コンバースのスニーカーを履いて、レイバンのサングラスをかけて、ジッポーのライターで煙草を吸って……というライフスタイルが日本を覆い尽くした。

もちろんそこにはマーケットの要請があり、代理店がきっちりリサーチもしていたんでしょうけれども、それだけではないと思う。アメリカの国務省や商務省が海外におけるアメリカのイメージ戦略や経済活動を支援する活動にかなりかかわっていただろうと思います。

白井　ＣＩＡかもしれませんね。

内田　かもしれませんね。七五年が転換点になって、日本国内ではそれまでの反米気運が一気にしぼんで、若者たちは掌を返したように親米的な消費活動に熱中した。

白井　そのアメリカ側の戦術が見事に当たって、少なくとも本土の人間はうまいこと騙されて、以後、きれいさっぱり「暴力としてのアメリカ」というものを忘れ去ってしまった。結局、現実を隠して夢の国を演出するディズニーランドこそ、消費社会のシンボルであり、アメリカという国の暴力的部分を覆い隠す、カルチャーという名の隠れ蓑の代表でもあったということでしょう。

内田　僕は「反米から親米への転換」を砂かぶりで見ていたはずなんだけれど、どうしてこんなことが起きたのか、不思議だとも何とも思わなかった、何らかの政策的配慮があるのではないかと思いもしなかった。そういう自分のことを考えると、今の学生たちに向かって、「おまえたち、消費社会に騙されるな。物事の裏を見るんだ」と言うことはできないですね。

おカネを使うことだけが生きている実感

白井　とはいえ、内田さんの多くの著作が、「消費社会の表層ではなく、もっと大局を見なさい」と呼び掛けているように思うのですが。実際問題として、少なからぬ学生が、インターネットを使うときにも、買い物サイトしか見ていない。政治なんて関係ない。彼らにとってネット社会とは、ショッピングモールでしかないと思います。その他の使い方は、SNSで仲間内のコミュニケーションを過剰にやってわざわざ息苦しくなること。

内田　ショッピングモールねえ……。

白井　人によっては、インターネットの使い方にしても、買い物ツール以外の何物でもないんですよ。アクセスの主体がPCからスマホに切り替わった影響も大きいでしょうね。PCでネットを始めた人は、とりあえず最初のホームページにポータルサイトを使いますよね。ブラウザを立ち上げて最初に出てくる画面を、たとえばヤフーなどに設定する。するとそこで、ヤフーニュースのヘッドラインが目に入るわけです。ところがある年齢から下の世代には、もうそういう習慣がないですから。

内田　そうなんですか……たしかに今の学生はパソコン自体を持っていないですよね。だから「キーボードが打てない」といって、企業が困っていると聞きました。ワードが使えない、エクセルも使えないという若い人たちがどんどん増えているって。

白井　「卒論をスマホで打って出してきた学生がいる」と友人の学校の先生が言っていました。スマホにも一応、テキストの編集アプリケーションが入っていますから。

内田　どうやってスマホで論文書くんですか……親指でこうやって？

白井　今はフリック入力ですから、人差し指で画面をなぞって入力するんです。逆にそういうやり方しか知らないので、キーボードを打つのに両手を使えない。

内田　タイプライターを打つにも、昔は指一本でカチカチ打っている人がけっこういましたけどね。そうやって小説を書いている人もアメリカ映画観ると出て来ますから。どうしても指を一〇本使わなければいけないということでもないんでしょうけれども……。

白井　でも、就職したら採用した会社は困りますよ。入社前にそこまで確かめられませんから。

ある大学の授業でメディア環境の変遷とメディアリテラシーについて話したことがあったんです。「最初は新聞・雑誌、その後テレビが出てきて、テレビや新聞が政治的オピニオンの表明のために使われるようになった。それが、マスメディアによって公的情報の提供が独占されている時代があったけれども、今はITの時代になって、マスメディアに対して個人が意見を表明できるニューメディアが出現した。ただし、それにも正の部分と負の部分がある」といった教科書的な話をとりあえずしました。

ただリアリティという点からいえば、そんな講義は大半の大学生にとって、「自分とはなんの関係もない話だ」と感じられていたかもしれません。ネット上で政治的オピニオンを表明する学生など、学内にはほとんど存在していませんでしたから。一昔前には学生に「新聞を読みなさい」と言わなければならない状況がある、と嘆かれていました。今ではそれどころではないです。「TVニュースは批判的に観るようにしましょう」ではなくて、「せめてTVニュースくらい観ましょう」と言わねばならない現実があります。それぐらい学生の幼稚化、ないし脱社会化は進んでいると見るべきだと思います。
念のために断っておくと、今挙げたような事例は、「若者がみんなそうなっている」ということではありません。全く異なった行動様式を持つ若者もいます。僕自身の限られた経験の中から、こうした傾向があるという推論を立てているわけです。

内田 白井さんが今おっしゃったように、若い世代にとって自己表現が消費活動しかないという面は確かにありますね。「何を買うのか」という行動によって、個性やアイデンティティーは表現されるのだということを、生まれてからずっとメディアによって刷り込まれているからしかたがないですけど。だから、商品を買う金がなかったら、自らの唯一無二性も趣味のよさも社会的価値も表象することができない。

白井 そうなると「カネがない」こととイコール「自分がない」になってしまうわけでしょうか。

内田 「カネがないと自分がない」という感覚が当たり前になっている人たちがもう多数派かも知れませんね。だから、お金がなくなってくると、それに相関して非活動的になる。自我が縮小する。「お金がないから、あれもできない、これもできない」という可能性の限定をずいぶんこまめにやるんです。「できない」というより、「しちゃいけない」と思うらしい。カネもないくせに身分不相応な「自我」を誇示することはきわめて非礼なことだと思っているみたいなんですよね。

先日、うちの道場で一〇年以上稽古してきた古参の門人が「道場を休む」と言い出した。「月謝が高くて払えない」と言うんです。いや、うちの月謝なんかものすごく安いんですよ。他の道場の半額くらいなんですから。それでも「カネがない」から稽古を続けられなくなったという。「カネがない」から、自分の修行を諦める、師弟関係を断つ。この諦め方の〝いさぎよさ〟に僕はびっくりしました。「カネがない」ということはそれほどまでに自己評価を下げ、自分の可動域を制約しなければならない理由になるのか。どうも、「カネもないくせに」、自分がやりたいこと、やっていて楽しいことに打ち込むことは許されないと思っているみたいでした。そういう「身の程知らず」で「分際をわきまえない」ふるまいは許しがたい社会的違反行為だと思っているんでしょうか。「カネのない人間は暗い顔をして、非活動的でなければならない」という自己規制はあちこちで感じます。

白井　なんでしょうね、その感覚は。

内田　僕も不思議です。どうも「自分には楽しいことをする余裕がない」、だから楽しいことを諦める。そうすると、「つらいけど、自分はいるべきところにいる」という自己評価の安定感をもたらすようなんです。自己評価が年収によって数値的に表示される。年収の増減に応じて、自己評価も高下する。不思議なんですよね。カネがいくらあるかなんて、自分が何をしたいかとぜんぜん関係ないじゃないですか。でも、どうもそうではないらしい。そういう「夜郎自大」な夢を追う人間は、今の若者たちの世界ではひどく評価が低いらしい。白井さんが指摘するように、子どもの頃から長期にわたって「消費する力によって人は自分の価値を表示する」というルールを内面化してきたからなんでしょうか。

白井　高橋若木さんという若い政治学者の方がこういう話をしていました。今の若年層は、宿命論的世界観のなかにとらわれている、と。その宿命とは、端的にカネの多寡のことなのか。だとすれば、それこそ与沢翼氏のようになりふり構わずひたすらカネを追求して、宿命を覆すという手もありますが、そういう雰囲気でもない。消費が自己の価値表示だという感覚も、バブル時代の遺物として軽蔑の対象になっていると思われます。

ですから、今非常に摑みどころのない状態になっているのではないでしょうか。顕示的消費で自己実現するのが幸福だなどという感覚は、若年層の経済状態からしてあり得ない。しかし、その一方で消費社会のロジックから脱出しつつあるのかと言えば、そうでもない。いずれにせよ、おそろしく受動的になっているということであり、この受動性こそ消費社会がつくり出したものかもしれない。

そういうなかで、新しい価値観を打ち出そうとしている人もいます。栗原康君という僕の大学時代の後輩がいて、大杉栄の研究者なんですが、早稲田の大学院に進んで博士課程まで修了したものの、諸々の事情があって、博士論文が出せないでいるんです。今は非常勤講師で、年収が八〇万円ぐらいしかない。

内田 八〇万か……。壮絶だなあ。

白井 最近では書いたものがかなり話題を集めていて仕事が増えてきたでしょうから、収入も上がってきたかとは思うんですが、基本的に引退した親の年金に頼って暮らしている状態だと自身で書いています。その彼が、『はたらかないで、たらふく食べたい』（タバブックス）というけしからん題名の本を書いているんですよ（笑）。

内田 題名から察するに、彼は「働いていない、稼いでいない」という、自分の置かれた状況を肯定しているわけですね。

白井 彼自身はそうなんです。しかしそれは、今の日本の一般的価値観とはぶつからざるを得ない。彼が本の中で書いていたエピソードが大変印象的です。博士課程の院生時代に、結婚まで考えた交際相手の女性がいたそうなんです。高校の教員をしていた人で、向こうもその気はあったらしいのだけれども、やはり「この人はいったい、いつになったらちゃんと働くのだろうか」という、不安と不満を持っていた。

二人は家が近くて、あるとき一緒に近所のショッピングモールに行った。でも栗原くんはおカネがないので、何も買わない。彼女が、「あなた、何か買わないの？」と訊くと、栗原くんは「カネがないから」と言う。「どうしておカネがないの？」「働いてないから」「どうして働かないの？」「働きたくないから」という、このやり取りの煮詰まった感がすごいんですが、そこで彼女が問い詰めるわけです。「なぜあなたは働きたいと思わないの？　働かなければ、ここで買い物だってできないでしょう」と。そうしたら栗原くんは、「なんでそんなにここで買い物をしなければいけないの？」と聞き返した。すると彼女が、そこでぶち切れたというんです。「なんのために私みたいなサラリーマンが毎日、嫌な仕事をしているのか、わかっているの？　それはこうやってショッピングセンターに来て、買い物をして、それで憂さを晴らすためなのよ」と叫んだ、と。

結局、栗原くんと彼女はそれで破局するわけですけれども、これはけっこうすごい話だと僕は思っています。こんなにニヒルな発言はないわけですよ。彼女は自分がやっている仕事に本質的には何も意義を見出していないし、生きがいを実感することもできていない。

でも、なんとかそれを耐えられるものにしているのは、ここでこうやっておカネを使うということができるからだ。「おカネを使うことによって憂さを晴らす、それだけが生きている実感を持てる瞬間だ」と言っているわけです。

彼女にしても普段であれば、そんな寒々しい考えを口に出したりはしないでしょう。ところが栗原くんという価値観の違う他者に苛立ったことで、無意識に本当の思いを、恐ろしい真実を口に出してしまった。おそらく今の日本の勤労者のうちでかなり多くの割合の人が、この女性と同じ実感を持って生きているんです。それが事実だろうと思うんですよ。「なんという不幸な国なのか」と戦慄しました。他方で、栗原くんが言っているのは、カネがあろうがなかろうが、欲望を捨てなきゃいけない謂れはない、ということです。

社会の価値観の一元化

白井　社会の中に生きていると、複数のディメンションを持つことになりますよね。僕の場合であれば、大学の教員であり、その大学の中の特定の学部の教員であるという側面がある。一方で妻がいて、子どもがいるというように、いくつかの属性を持っているわけです。それが市民として生きているということです。そうした市民的状態の中では、「いくら稼いでいる」とか、「世の中で尊敬されている」あるいは「たいした敬意を得られていない」といった複数の価値基準によって、社会的ステータスが決まってくる。

他方で、一般社会とは隔絶した、「結社」的な共同体の中での基準もある。結社という存在にあっては、特に秘密結社においてそれが純粋形になるわけですが、一般的な市民的属性を一切度外視して、その結社の中の独自の原理によってその人が位置づけられるわけです。その結社の外で何をやっているのか、どのくらい稼いでいるのか、どのくらいの社会的ステータスがあるのか、一切関係ない。内田さんがつくられた武道場や、稽古しているという能楽の世界もその一つですね。こういった市民社会の原理とはまったく異なったディメンションも含めて、複数の属性を生きていて、市民の置かれたディメンションに重層性があり、その分だけ人が受ける社会的評価は複雑なものとなるという状態が、文明における人間の本来のあり方だと思います。

しかし、これだけ資本主義社会が高度化した上で不況が続いて生活困難者が増えてくると、これがどう変わってくるのか。

内田　市民的成熟の指標は「器量が大きい」とか「胆力がある」とか「気が練れている」といった文学的な表現で語られるわけですから、数値化できない。でも、今の人はそういう「なんだかよくわからない指標」で人間を語ることがすごく厭みたいですね。客観性の高い精密な査定を受けて、その結果を数値で示してもらいたいらしい。たとえ、その数値が低くても、査定を受けると安心できる。不思議ですよね。たとえ査定が低くても、客観性の高い査定を受けられるのなら、そのほうがいいと思っているんです。

「本気を出せばオレはこんなもんじゃない」というのはたぶん今の若い人たちの中では一番恥ずかしい台詞なんだと思います。それを言ったらおしまい、という。それは客観的で正確な査定を忌避している「弱い人間」の言うことだから。自分はそんな「夜郎自大」なヨタを言わないで、素直に査定を受けて、その数値に従って、自己評価を膨らましたり、縮めたりしている。その方が社会性が高く、賢く、強い生き方なんだ、と。この「査定を受ける人間はえらい。査定を忌避する人間はダメだ」という信憑はいったいいつの頃から若い人たちの間に広まっちゃったんでしょうね。

おそらく、そこにもマーケットからの圧力が関与しているんでしょうね。消費させる側からすると、マーケットはできるだけ均質的で、数がたくさんいたほうがいい。消費行動にばらつきがあると困る。価値観が違い、欲望のあり方が異なっている小集団に分かれて、てんでん勝手に消費行動をされると、サプライヤーとしてはコストがかかってしかたがない。雨具として、消費者が自分の好みに合わせて傘や合羽や蓑笠のどれを選択するかわからないという場合と、素材とデザインだけで価格的に差別化されている似たようなナイロン傘を年収に合わせて選択するという場合では、製造コストも流通コストも天地ほど違ってきます。だから、サプライヤーとしては、消費者の商品選択はできるだけ年収に合わせて欲しいと思う。年収なら商品選択の基準はただの数字ですから。個性やテイストに合わせて商品選択されては困る。だから、個性だのテイストやこだわりというようなことを商品選択に際して言えるためには一定以上の年収がないとダメだという話をメディアを通じて日々刷り込んでいるわけです。それ以下の層はただ黙って「分相応のもの」を買え、と。年収によって変わるのは、選択する商品そのものではなくて、商品選択の自由の方なんです。貧乏人は商品選択の自由がない。だから個性もアイデンティティーも持てない。そういう話にしてある。

白井　アメリカなどは以前からそういう社会ですよね。もう亡くなってしまいましたが、僕の叔母は画家をしていて、長いことニューヨークに住んでいたんです。この叔母があるとき、名言を口にしたことがあります。「ニューヨークという街はすごいところだよ。ここでは、あんたがいくら稼いでいるかだけが問題で、何をして稼いでいるかは問題じゃないんだから」と。

グレーな仕事であろうとなんだろうと、いくら稼いでいるかだけが問題で、カネがないやつは人間ではない。この明快さがアメリカニズムのすごいところですよね。世界的なネオリベ化の進行によって、アメリカニズムのそうした一面が、ものすごい勢いで世界中を駆け巡り始めた観がありますね。

内田　でも、アメリカは世にも特殊な国ですよ。出自の違う集団が共生しなければならない移民の国ですから。エスニックグループごとに人間を評価する基準が違うけれど、それでは統一社会を形成できない。だから、移民たちが共生するに際して、人間の価値について統一基準を作った。

アメリカの場合、最終的に人間の価値を判断する基準として採用したものは二つあると思います。一つはおっしゃっていたとおり、年収ですね。そしてもう一つは、星条旗に対する忠誠心。この二つは外形的に表示可能だからです。カネがある人間はその年収にふさわしい活発な消費活動を行うことで、自分の社会的ポジションを明示する。それは義務なんです。金持ちなのに質素な暮らしをしたり、貧乏人なのに豪奢な消費生活をすることは、その人の価値査定を混乱させるので、ほとんど反社会的な行為とみなされる。愛国心も同じです。心の中で静かにアメリカを愛していてもダメなんです。人が見ているところで、星条旗に向かって敬礼して、人がいるところで大声で「USA万歳！」と呼号して、戦争が始まったら、義勇公に奉じてアメリカのために銃を取る。そういうわかりやすい社会的行動を取ることが、アメリカ社会では義務づけられている。

でも、これは文化的バックグラウンドを共有しないエスニックグループが共生している移民国家ならではの特殊な歴史的な事情によるものであって、普遍性があるわけじゃない。でも、そういう特殊な国で採用された「ドルの多さと、星条旗への忠誠心」が人間的価値の指標であるというローカルルールが世界標準になってしまった。だから、みんな困っているわけです。

白井　非常に戦争に強いので、そうなってしまったという……

内田　しかたがないんですよね、アメリカの場合は。特に国家への忠誠心をどうやって担保するかについては、他に手立てがなかったんですから。もともとアメリカはイギリスから移民してきた清教徒たちがその宗教的理想に基づいて作ったきわめてイデオロギッシュな国家ですから。そこに多種多様な移民たちが次々と違う土地からやってきた。住民たちの間に血縁関係があったり、生活文化の同一性があったわけじゃない。出自のまるで違う人たちが形成した国家です。彼らを統合するためには、その幻想的な国家に対する忠誠心を目に見えるかたちで示させる以外に手立てがなかった。初期のマサチューセッツ植民地では市民権を得るためには教会で信仰告白をすることが義務づけられていましたけれど、それの延長ですね。「アメリカを信じます」と告白しないと市民になれないという仕組みを作った。

コスパという病

内田 カネが人間的価値の査定基準になると、「払ったカネに対してどれだけの見返りがあるか」ということについて神経質になりますね。費用対効果、いわゆる「コスパ」というやつですね。これ、ずいぶんうるさく言われるようになりましたね。

白井 確かにインターネットのサイトなどを見ていても、やたらに「コスパ」という言葉が出てきますね。

内田 コストパフォーマンスというのは、支払った貨幣に対して、それにふさわしい財貨やサービスが手に入ったかどうか、それを気づかうことですよね。でも、もとが貨幣という数値なので、「それにふさわしい」ものも数値で示されないと、「費用対効果」がわからない。一〇〇円払ったのに、二〇〇円分のものが来たら、「コスパよかった」、八〇円分だったら「コスパ悪かった」というふうに判定するわけですから、手に入れるものも数値的にわかりやすく値札をつけて並べておかないといけない。だから、どういう活動をしていても、先方が貨幣を出して来た場合には、こちらも「数値で価値を表示できるもの」を交換に差し出さないといけないことになる。お金を出してきた相手に、「なんだかわけのわからないもの」を出すと反社会的だということになる。

よく「幸運のペンダント」とか「教祖さまの気が入った水晶玉」とかにとんでもない値段がついているのを「よろしくない」と怒る人がいますけれど、あれは別にそれに効能がないと知っているから「詐欺だ」と批判しているわけじゃないと思うんです。デジタルな貨幣に対して「効果が数値的に表示されないもの」を交換に差し出すことに腹を立てているんだと思う。たぶん。だって、「幸運のペンダント」では絶対に幸運になれないなんて誰にも証明できませんからね。

合気道の道場でもそうなんですよ。女性の門人が「少年部を作りたい」と言うので、「どうぞ」ということで始めてもらったんです。小さな子どもたちを集めて合気道を教えた。そのときに彼女から「級を出してもいいですか」と訊かれた。合気会の公式な級位は五級からなんですけれど、子どもたちですからローカルな級位を作ってもいいかなと思って、「いいよ」と言いました。そして、十級から六級まで作って、級が変わると帯の色が変わるシステムを採用した。それからしばらくして、今度は彼女が困った顔をして、「あの……親御さんから、六級から十級のような大雑把な級では困る。もっと細分化してくれという要求があったので」、十のCから六のAまで、一五段階に分けたという報告を受けました。

僕はこれにはさすがに驚きました。だって、子どもが武道の稽古をちゃんとやっていれば、その変化なんて親にはわかるじゃないですか。身体が大きくなってきたとか、よく飯食うとか、よく寝るとか。見てればわかるでしょ。でも、それでは満足できないらしい。子どもの心身の変化を数値的に表示することを要求してきた。客観的な査定を受けて、それを数値で表示してもらわないと投下した月謝のコスパがわからないから。

　この話をゼミでしたら、たまたまゼミ生にバイトでスイミングクラブのインストラクターをやっている子がいて、「うちも同じです」と言っていました。昔は、「はい、泳げる子たちはこっち。泳げない子はこっちへ行って」みたいなアバウトな分け方で、泳げない子にはビート板を使って練習させたりしていたわけです。ところが今は一口に泳げないと言っても、たいへんに精密な段階に分けられている。「顔を水につけられた」「耳まで水につけられた」「頭全部が水の中に入った」「足を離した」……などなど、泳ぎ始めるに至るまでにいくつもの細かい検査項目があって、それを個人のカードに記してゆく。「スイミングスクールで三〇分間レッスンしたことで、この子はこれだけ能力が向上しました」と目に見えるかたちで、外形的に示してあげないと、親が納得しないらしい。これってまさに「コスパという病」ですよね。

白井　「六〇分のワンレッスンに一万円払っている。それなら一万円分の成果が出なければおかしい」という感覚ですね。そのために異常に細かいチェック表を作って、その場その場で価値の交換がきちんと等価で行われているかをチェックしている。今日ではそのチェックがどんどんきびしくなっていき、ちゃんと価値が確認できないような商品は「コストパフォーマンス的に論外」ということになってしまう。

内田　これまで「カネの話じゃない」領域にまで市場原理が入ってきましたね。教育もそうです。合気道やスイミングスクールと同じです。これだけの授業料を払った、これだけの学習努力をした。だったら、その見返りに学校は何をくれるのか。それを客観的なかたちで明示せよ、というようなことを学生や保護者が言い出すようになってきた。

そして、みんな「コスパという病」に罹患しているから、できるだけ少ない負担で、できるだけ少ない学習努力で、教育「商品」を手に入れようとする。六〇点取ればある教科で二単位得られる。だったら、その教科で七〇点や八〇点を取るのはまったく無駄だということになる。授業をさぼれるだけさぼって、試験やレポートではぎりぎり六〇点を狙ってくる学生は、「同じ商品だったら、一円でも安いところで買うのが当たり前でしょ！」と信じているその親と同じ価値観に律されているわけです。

最悪なのはシラバスですね。あれは完全に商取引の発想です。履修する前に、「この授業を半期一五週受けるとこんな教育効果が上がります。何月何日にはこんな内容の授業をして、それを受けるとこんな知識や技能が身につきます。何月何日には……」ということを詳細に書かないといけない。そうしろと、文科省からうるさく命令されている。でも、これは完全に商品の仕様書そのものでしょう。「教育は商品じゃない」ということをいくら僕が声を大にして言っても、世の中の仕組みは少しも変わらない。

白井　はい、何年か前にシラバスに「到達目標」を明記することが徹底化されるようになりました。本当にうんざりする話ですね。こんな状況で僕はあと何年、教師業を続けられるのかと思います。幸い今の職場では、行き過ぎた要求にさらされたりはしていませんが。

内田　現代日本に取り憑いた病ですよ。

白井　ですから、僕は大学の授業で「教育は商品ではない」という話を徹底的にやっています。経験上、ちゃんと聞いていた学生はみんな納得してくれます。コスパに取り憑かれるというのは、言い換えれば「すべての交換は等価交換でなければならない」という観念に取り憑かれることです。等価交換とは「狭義の交換」であって、互酬・贈与といった別の形態の交換を含む「広義の交換」があることを想像できなくなってしまう状態になってしまっています。僕の考えでは教育とは贈与です。実は、等価交換という資本主義的経済行為は、広義の交換の連鎖によって成り立っている社会全体があってはじめて、その一角で営まれることができるわけです。

このことが想像できなくなった原因は、やはり消費社会化ではないかと思うのです。というのは、消費者の立場に立ったとき、誰しもが最大の関心を持つのは、自分の出した貨幣価値と等しいものが返ってくるか、ということだからです。出したカネよりももっと価値あるものが返って来るならなお良いということになる。

で、こういうダンピング的交換も繰り返されているうちにそれは「正価」だということになる。そのときに、どうしてこの商品がこの価格になるのか、ということは全く関心の外になります。その商品の背後で、一体どんな無茶があって、どんな環境破壊やら人権抑圧やら搾取やらがあって、この「コスパ」になるのか、考えない。そういった「血の痕跡」はきれいに拭い去られていますから。消費社会化が徹底されて商品の背後を誰一人考えなくなってしまったならば、労働者に無限のコストパフォーマンスが追求されて低賃金に苦しむのは、自業自得だということになります。それは、労働者が消費者として活動する局面での行為の帰結にすぎない。

内田　今、日本の企業で「経営努力」というと、ほとんど「コストカット」のことでしょう。企業だけではなくて、大学でも、「効率化」とか「経営努力」といった言葉ばかりが耳について、「いかにして少ない人数で多くの仕事をこなしていくか」を求められている。教員たちが過労で潰れてゆくのは当然ですよ。

コスパ偏重と自己責任

白井　こういう状態が続いていくうちに、社会を成り立たしめている「広義の交換」が機能不全に陥ってくるということが、最も恐ろしいですね。

なぜそういうことが起きているのかなと考えると、結局、人々が表層しか見なくなってしまったからでしょう。表層というのはつまり値札です。ある商品について、「機能が同じなら安ければ安いほどよい」と考える。しかしそこで思考が停止してしまって、「なぜこの商品は安いのだろう」とは考えない。すでに個別的な事例では、破局的な事態というか当事者にとっては破局そのものであるような事態が生じています。

たとえば料金の安いバスツアーを選んで事故に遭ったとしても、誰にも助けてはもらえない。先日、軽井沢でスキーバスが事故を起こして、十数名の乗客が亡くなるということがありました。あのツアーなどは「安かろう、悪かろう」の典型で、ツアーを組んだ旅行会社も、事故を起こしたバス会社も、相当いい加減なことをやっていたという事実が明らかになりました。結局、安いものにはそれなりの理由があるわけです。明らかに原価割れをしているような商品に手を出せば、どこかで手を抜いているはずで、結局そのツケは買い手に回ってくる。少し引いた目で見てみれば、当たり前のことなんですね。それを理解していない人が多いんじゃないかと思います。

軽井沢のバス事故では、そういう商品を買った人が、たまたま運が悪くてああいうことになってしまった。高速道路を使わずに曲がりくねった山道を走らせたり、ほとんどバスの運転の経験のない運転手に深夜の運転を任せたりというように、会社が無理に価格を下げるために運転手に強制した行動が事故を引き起こしたわけです。最終的にそうした無茶の責任を取らされたのは、犠牲になった人たちです。結局、安い商品に手を出すということは、その結果生じるであろうトラブルの責任を買い手自身が負うという、自己責任を伴う行為なんですね。運良く生き残った人たちはまだ、会社の経営者たちに対して、「責任を取れ」と言うことができますが、死んでしまった人はもう戻らないですから、責任の取らせようがない。自分で結果を引き受けるしかない。

内田　いくら処罰しても、死んだ人は帰りませんからね。

白井　「自己責任」というのは、まさに新自由主義を象徴する言葉で、政治家が使うと非常にいやな意味合いになりますが、今述べたような意味で単なる事実としての自己責任は存在します。世の中は、売り手に対しては熾烈な価格競争を強い、買い手に対しては自己責任を問う方向に向かっている。あの事故を見てつくづくそう思います。「安いものには、それなりの理由がある」という理屈がわかっていれば、「こういうものに手を出してはいけない」という判断が働いたかもしれない。でもお金がなければ、わかっていてもつい安いほうへ行ってしまう。それは今に始まったことではないでしょうが。

内田　僕も若い頃は、あの手の超格安バスみたいなツアーでスキーに行きました。泊められた宿が「これでも宿か」と思うようなぼろぼろの建物だったり、出てきた食事が「これでもメシか」というようなものだったりして、「さすがに超格安というのはこういうものか」ということは身をもって経験しました。でも、乗ったバスが道路から転落するということはなかったけど。

白井　バスに乗って死ぬなんていうことは、そうそうないですからね。

内田　普通は安いと言っても、宿がひどいとか、メシがまずいとかいう程度のことですよ。事故で死ぬというまでのリスクは、利用者は普通は想定しない。考えなくてよいことになっている。だって、宿やメシのコストを削った場合、そこで僕たちの経験した不快さは会社の利益に付け替えられるわけだけれど、交通事故ではそうはゆかない。いったん事故が起きたら、それまでせこくコストカットで溜め込んだ分が全部吹っ飛んで、それでも足りない。だから、宿やメシではコストカットしても、交通事故のリスクが高まるようなコストカットはふつうしない。間尺に合わないから。それくらいの合理的思考はするだろうと会社には期待できたわけですよ。だから、その一線を越えたことが起きると、どうしていいかわからなくなってしまう。

白井 合理的な常識がもう通用しなくなってしまったんですね。「日本は先進国なんだから、そんなに無茶苦茶なことはないはずだ」と考えるのは、もう適切ではないのでしょう。一方でお金に余裕のある人は、「安すぎるのは危ないから、やめておこう」と考える。だから結局、貧しい人が事故に遭う。とはいえ、あの事故での犠牲者の多くが私立大学の学生ですから最貧困層だとはいえない。つまり、その必然性がないのにコスパを追求しすぎる体質になっているようにも思えます。

内田 危険はどこにでもあるわけで、それをすべて回避しようとしたら、経済的にはきびしいですね。

人は客観的な査定を求める

内田 だいぶコストパフォーマンスの悪口を言いましたが、先ほども言いましたけれど、どうも現代人には正確な査定を求める傾向があるような気がします。

先日、都会の若者たちの地方回帰を推進している『TURNS』という雑誌の取材を受けたんですけれど、そのとき聞かれたのは、「若い人が地方に行って、農業をやったりというかたちの地方回帰は、一部では確かに進行している。けれども、圧倒的多数の若者は地方から都市に、特に東京に向かっている。その理由は何か。都市には彼らを惹きつける何があるのか」という問いがテーマでした。

若者が都市に惹きつけられるのには、都会の刺激的でアクティブなライフスタイルであったり、贅沢な暮らしであったり、ヒリヒリするような競争感覚であったり、いろいろな要因があると思います。でも、僕は都市部に吸い寄せられる若者たちを駆動している一番強い動機は「査定されること」じゃないかと思うんです。

僕は前に仏文学会という学会に属していたんです。そこで学会誌の編集委員をしているときに、年二回学会に出て、担当の分科会で全部の発表を聞かされた。でも、プログラムを見ると、なんだか同じような話ばかりなんですよ。そのときに、「同じような主題の発表が多いね」と友だちに愚痴ったら、こんなジョークを聞かせてくれた。「日本の仏文学者の三分の一はマラルメ研究者、三分の一はプルースト研究者、三分の一はフローベール研究者だ」という（笑）。大笑いしたんだけれど、確かに多少大げさではありますけれど、若い仏文学者たちの傾向をよく言い当てていたと思います。仏文学科の若い秀才たちは確かに一九世紀の文学に集中している。特にプルーストとマラルメとフローベールに。なぜかというと、この三分野、マラルメ、プルースト、フローベールに関しては日本国内に国際的に名の通った研究者がいるからなんです。だから、研究についての査定が正確なんですよ。若い研究者たちが学会で発表をしても、研究書を書いても、この分野であれば、その研究がどの程度のレベルのものか、即時に、きわめて正確な査定が下される。

逆に、僕が研究していたレヴィナスなどでは、正確な査定が期待できない。僕が「レヴィナスの研究で学会発表をします」と言ったときに、当時の指導教官は「やめたほうがいい」

と忠告してくれましたから。「なぜですか」と訊いたら、「誰も知らないから」って。でも、誰も知らないことだから学会発表する意義があるわけでしょ（笑）。その先生は「内田の書いたものは面白かったけれど、点数をつけるのは難しい」と言うんです。レヴィナスについての研究の蓄積が日本にはないから。僕が書いたことが誰かの先行研究のパクリかもしれないし、レヴィナス研究者の間では「常識」であるようなことを自分のオリジナルな知見であるかのように書いているかも知れない。でも、国内に研究の蓄積が少ない分野では、そういうことをされてもわからないわけです。だから、「査定できない」と言う。でも、「査定不能」ということは現実的には○点ということなんです。

白井　日本の誰もわからないと。

内田　もちろん聞けば理解はできるんですよ。面白がることもできるし、つまらんと腐すこともできる。でも、厳密な点数がつけられない。主観的な印象は語れるけれど、客観的な査定は下せない。そういう領域でいくら仕事をしても手応えが得られない。ですから、自分の能力に自信のある若い研究者は「査定が正確である領域」をついつい選択するようになる。それはしかたがないんです。そうしないと専任教員ポストに就けないんだから。

だから、今の若者たちは成功より以前にまず、その根拠となる「正しい査定」を求めてしまう。自分はいったいどれぐらいのレベルの人間なのか。「何点の人間」なのか、同年齢集団のどのあたりに格付けされているのか、それをまず知りたがる。自分のポジションを把握しないうちは、何をしていいかわからないから。もちろん中には「やりたいことがあるから、誰が何と言おうとやる」という元気のいい人もいます。でも、今の人たちは、そういう「夜郎自大」をすごく嫌う。身の程知らずに高い自己評価に基づいて、不当に多くの社会的評価を求めている人間をほとんど「許せない」というところまで嫌う。どうして、そんなに「夜郎自大」がダメになったのか、僕には不思議なんです。若い時は、とにかくつけあがって、大言壮語して、思い上がったその鼻っ柱をあちこちで思い切りへし折られて、そうやって成長するものだと僕は思っていた。僕のまわりも、そんな態度の悪いのばっかりだったし。大風呂敷拡げて、できやしないことを「できます」と言うことも若者の特権だぐらいに思っていた。

白井 僕もそうでした。今から思い出すと色々と恥ずかしいことを言ったとも思いますが、後悔はないですね。二〇歳くらいの人間に勢いがなくてどうするのか、という話で。

内田 でも、今はどうも違うみたいなんです。まず適正な評価がなされ、それに基づいて資源が分配されるべきだとみんな信じているように見える。高い格付けを得たものにはご褒美が出る。低く格付けされたものは処罰を受ける。それが「社会的フェアネス」だとどうやら若者たちのマジョリティは心の底から信じているように見える。それは成果主義的発想が骨の髄までしみこんでいるということですよね。自分自身、子どもの頃からずっとそうやって査定され続けてきた。だから、高い評点を得たものと低い評点を得たものの間で資源分配や待遇で差別があることは「当たり前」なんです。問題はその評価が正確かどうかなんです。不正確な評価に基づいて格付けされちゃかなわない。だから、まず最優先で精度の高い格付けを求める。そして、ここから話が怖くなるんですけれど、格付けは「同じこと」をやっている人間の頭数が多ければ多いほど精度が上がります。これは誰でもわかる。他の条件を全部同じにすれば、格付けの差は単純な比較作業でできる。条件が違うと、格付けはできない。だから、正確な格付けを求めれば、「できるだけ同じことをしている人間が多い分野」が選好されるのは当然なんです。親たちが、子どもたちを「スイミング」や「ピアノ教室」や「英語塾」に通わせるのは、それが特に有用な技能や知識だと思っているからではなく、それが「誰でもしていること」だからです。「誰でもしていること」をさせれば自分の子どもの精密な格付けがわかる。格付けがわかれば、どの程度の未来を期待してよいのかがわかる。身の程知らずの夢や野心を持たずに済む。とにかくみんなが、自分が将来どれぐらいの社会的な地位に達するのか、どれくらいの年収を得られるのか、どのレベルの配偶者を期待できるのか、それをできるだけ早く、できるだけ正確に知ろうとしている。

「資源の分配は格付け査定に基づいて行う」ということのルール1に同意してしまうと、あとは一直線なんです。ルール2は「査定は正確で客観性が高くなくてはならない」。ルール3は「査定が正確で客観性が高いものであるためには、サンプル数ができるだけ多い必要がある」。その結果、多くの被査定者が狭い分野にひしめいて査定を求めるという状況が出現する。みんなが「みんながしていること」をしようとする。その結果、社会から急速に多様性が失われている。人々がどんどん均質化し、互換可能になり、ついに個体識別不能になってゆく……

白井　先ほど出た「宿命論的世界観」ということにつながるような気がしますね。正確な査定で測ってもらって自分を位置づけて、それで「自分はここにいるしかない」と考えるということなのでしょうか。

そうだとすると、近年の教育改革は何だったのかという話にもなりますよね。画一的に能力を測ってもらいたいなら、伝統的な受験勉強で測ってもらうのが一番手っ取り早い。

これが諸々の弊害があるからということで、ＡＯ入試だのなんだのと能力の計測方法を「多様化」させたわけですが、結局画一性を求めているのが本音ではないか、と。そういった画一性を求める傾向というものは、日本社会にもともとビルトインされた性質なんでしょうか。

内田　そういう面もあるけれども、格付けによる資源分配こそがフェアネスだという、シンプルで危険な物語が広まったここ二〇年ぐらいの間に、日本社会全体が一気に画一化してきたように僕には見えますね。

効率追求で失われる雇用

白井　先ほどコストパフォーマンスの高さを競うという風潮が極端に強くなってきたことで、企業へのコスト削減の圧力が増し、それが賃金の引き下げや労働条件の悪化を生んでいる、という話が出ました。しかし価格を下げるための作業の効率化や人件費の削減は、どの業界でももうこれ以上は不可能なところまできていると思います。

内田　それだけ働く人たちに無理をさせ続けているわけで、いくら人間の身体が余裕をもって作られていると言っても、多くの人にとっては、もう削れる限界ぎりぎりでしょう。

白井　働く人の負担増とともに、もう一つの問題は、雇用への影響です。ほとんどの経営者は人件費削減のため、「いかにして人を減らすか」ばかり考えています。東京に行って、地下鉄の副都心線に乗ると実に苛立たしくなりますよ。八両とか一〇両とかある長大な編成の電車をワンマンで運転しているんです。車掌を乗せるべきでしょう。この長さでワンマンというのは、たぶん世界的に例がない。

内田　乗っていないんですか？

白井　乗っていないんです。ホームドアが全駅設置されているし。高価な車両制御システムを入れることによって、ワンマンでも運転できるようにしているわけです。

内田　雇用を減らしたら、国民全体が窮乏化していくに決まっているのに、みんなコスト優先で人間のクビを切っている。生産性の向上というのは、要するに働く人間の数を減らすということなんですけれど、労働者自身がそれに賛成している。

白井　自動車の自動運転にしても、大量の失業を生む技術ですよ。現在は法的に、「事故が起きたときに誰の責任になるのか」という大きな問題もあって、まだ実用化へのハードルは高いですが。僕などは「運転の自動化などやらないほうがいい」と思うんです。でも業界は完全に前のめりになっていますよね。「それが資本主義のフロンティアなんだ」と、経営者たちも、学者たちも、政治家たちも思っている。たぶんそのうち、「自動運転で走れるように直しましょう」と言い合って法律を変えてしまって、どんどん自動化を進めていくのだろうと思います。そうなったらタクシーやバス、トラックなどのドライバーは、大量失業ということになる。

それだけではありません。もし自動運転車ばかりになったら、自動車という商品の位置づけ自体も変わってきます。運転する喜びがなくなれば、所有する喜びもなくなるでしょう。今、カーシェアリングの動きが徐々に広がっていますが、現段階ではまださほど一般的ではないですよね。それはやはり自動車については、「自分の所有する車を運転する喜び」というものが、非常に大きな購買動機としてあるからだと思うんです。しかし運転が自動に変わったら、あえて自動車を所有する意味はなくなる。結果、場所によっては劇的にシェアリングが進んでいくでしょう。というか、自動車提供サービス業みたいなものが盛んになって、頼めば車を自宅まで送ってくれるようになるでしょう。そうなれば、今までは四世帯の家があったら、少なくとも四台の車が売れる可能性があったのに、今後は率にしてその十分の一くらいの台数で必要を賄えるという話に必ずなってきますよ。どう考えても自動車会社にとって、自爆以外の何物でもないと思うんですが。

内田 自動運転だと、自分で運転できなくなるの？

白井 しなくていいということなんです。

内田 ドライビングの楽しみというのはこの世からなくなるわけですか……。でも、そうなれば、いくつかの市場が劇的にシュリンクしていくでしょうね。

白井 まさにそうなんです。自分で自分の首を絞めるようなことをして、本当に愚かだなと思います。でも日本のメーカーの多くが、乗り遅れまいとしてその路線を突き進むであろうと、私は悲観的に見ているんですけれどもね。

内田 国内需要を増やすことで売上を増やしたいと思うなら、雇用を創出して、十分な消費力を持つ人たちを再生産しなければいけないのに、実際にはその逆をやっている。

僕は院生の頃に、平川克美君（立教大学大学院客員教授・隣町珈琲店主）と渋谷で翻訳会社を起業したんです。そのとき二人で「どういう会社がいいか」いろいろ考えたんだけれど、僕は「社員が親睦するために会社をつくる」という考え方で、平川君は「雇用を創るために会社をつくる」という考えでした。利益を上げるのではなくて、僕はまずみんなで遊ぶことを考え、平川君はまず雇用を創出することを考えた。今にして思うと実に健全だったなと思います。

平川君の場合、誰かが「入れてください」と言ってくると、もうみんな入れちゃうんですよ。「あそこなら誰でも雇ってくれる」という評判が立っていたんじゃないかな。どんどん入社してくる。たしかに会社は急成長していたから、「猫の手も借りたい」という状態のときもあったんですけれど、人手が足りている時でも平川君は採用しちゃうんです。僕が「大丈夫なの、給料は払えるの?」と訊くと、平川君は「払うためには、オレたちが仕事取ってくるしかないだろ」と言って入れちゃう。ふつうは人手が欲しくて人を雇うんですけれど、平川君の場合は逆で、まず人を雇って、彼らを食わせるために仕事を取ってくる。でも、今にして思えば、それって経営者としてはまことに正しい姿勢だったと僕は思うんです。「まず雇用」という考え方ですね。最終的に平川君はビジネスマンとしては成功できなかったんだけれど、それも「金貸して」と言って来る連中に片っ端から金貸して、大借金こしらえたからでね。

白井 平川さんはその後もいくつも会社を創業していますよね。きっとそのときも、「雇用を創出するんだ」という信念を持って新たに企業を立ち上げたわけですね。しかし今、「雇用を増やすために会社を経営しているんだ」という自覚を持っている経営者が、いったいどれぐらいいるでしょうか。

内田　今、「完全雇用」を目標に掲げて起業する人なんていないでしょう。でも、「国民経済」というのは、本来そういうものですよ。「どうやって日本列島に住むこの一億二〇〇〇万人を食わせるのか」という目標がまずあって、「そのために何をしたらいいか」という順で考えるべきなんです。完全雇用が国民経済の最終目的であって、そこがグローバル経済とまったく逆になっている。

工場法以前の状況に近づいている日本

内田　僕は新自由主義なるものを唱えている人たちでも、みんなが頭から信じているわけではないと思うんですよ。「市場に全てを任せたら、結果的に最も安いコストで、最も高品質の商品を市場に出せるところだけが残って、あとは全部淘汰される。そうすれば、すべての人が幸福になる」というロジックを心から信じている人なんてたぶん一人もいない。実際に、エンドレスでコストカットを続けていれば、どこかで実害が出てきますから。

先ほど軽井沢のバスの事故の話が出ましたけれども、ああやってコスト削減を追求していけば、結局は生身の人間に無理を強いることになり、一番弱い環から切れてゆく。「生産性の向上」なんて言ったって、バスの運転に技術的なイノベーションなんかあり得ないわけだから、要するに、ドライバーをどこまで安い賃金でどこまで長時間働かせるか以外に工夫の余地がないわけですよ。そうやって生身の人間からどこまで価値を搾り取れるかを競争するようになる。文字どおりの「搾取」です。搾るようにして人間から価値を奪いとっていって、コストカットと称しているだけです。

コストカット競争というのは、言い方を換えれば、どれくらい非人情に従業員を搾取できるかの競争のことです。人間はやはり生物としてすごく力があるから、かなり搾取しても簡単には壊れないんです。再生産不能というぎりぎりの線まで追い込んでも、まだ働き続けることができる。だから、雇用者のほうは図に乗ってますます搾取するようになる。でも、人間の心身はストレスフルな環境にかなり耐性があるけれど、やっぱり壊れるときには壊れる。今みたいにコストカットを進めて、人口の九九％を絶対的貧困化に追い込んでゆけば、いずれ日本社会のシステムそのものが崩壊する。現在の少子化にはいろいろな理由がありますけれど、若者の貧困化による再生産不能が決定的な条件ですよね。そこまで追い込んでおきながら、「もっと子どもを産め」とか言ったりするんですからね。

白井　『資本論』に登場する、懐かしい話になってくるわけですよね。資本家は絶対的剰余価値の生産のために、労働者階級の再生産のために必要な限界を越えて労働日を設定する。結果、プロレタリアートを搾りすぎて、みんな肉体が虚弱化して再生産不能となり、どうしようもなくなった。労働者階級がいなければ搾取することもできない、と。だから、工場法が必要とされた。歴史的にはそう言われているわけですが、今の日本もそういう状況に近づいていています。

内田　マルクスの『資本論』に出てくる、一九世紀当時のイギリスの児童労働や女子労働の話は、昔読んだときは「言語を絶した非人間的な労働環境だな」と思ってあきれたけれども、今の日本の労働者の生活は、『資本論』の一九世紀イギリスの労働者の状況にどんどん近づいていますよね。

一九世紀のイギリスも「カネさえ儲かればそれでいいんだ」と、奴隷的な労働を強いた。

児童労働の場合、五歳くらいから衛生状態の悪いところで一日一〇時間以上働いて、学校なんかもちろん行かないで、悪い遊びだけ覚えて、二〇歳過ぎると病気で死んでいた。そういう非道なことをして財を築いてきた人たちが、つい一五〇年前のイギリスにはたくさんいたわけです。それに対して「いくらなんでも、こんな労働環境は、人としてありえないでしょう」と言い出した良識ある人たちがいた。労働法制や福祉制度や公教育制度は、そういう「惻隠《そくいん》の情」から生まれたものです。でも、同じことが二一世紀の日本でまた起きるのではないかという気もしますね。

白井　革命が？

内田　いや、イギリスと同じく、革命までは起きないけど、搾取されてきた労働者が何らかのかたちで立ち上がるんじゃないかな。

白井　イギリスの場合は、革命の手前で資本家側が妥協したわけですね。日本は、資本家による搾取の末にどこに行き着くのか。

内田　そこが僕が知りたいところなんです。レーニン主義者に、革命の展望はあるのか、ぜひお訊きしたいです。

第4章

進行する日本社会の幼稚化

幼稚化する老人たち

内田　「日本人はマーケットによって幼稚化するように仕向けられている」という話が出ましたが、僕もそう思います。今や若者以上に老人の幼稚化が深刻です。『週刊現代』や『週刊ポスト』あたりは想定読者がどんどん高齢化しているせいで、このところずっと「七〇、八〇になってもセックス現役」というような記事を掲載しているけれど、あれはそれなりに読者のニーズに応えているわけでしょうね。近代までの常識だと、「いい歳になったら、そっちのほうは『枯れて』いいじゃないか。他に楽しいことはいろいろあるんだから」ということでしたよね。『徒然草』読むと、四〇歳過ぎたら、もう人前で男女のことをうれしげに語るのは「似げなく、見苦しけれ」と言われてるんだから。でも、今は高齢者たちが巨大なマーケットを形成しているので、なんとかして彼らがいつまでも煩悩から解脱できず、活発な消費活動を行って欲しい。爺さん婆さんたちがさっさと「枯れて」しまって、物欲をなくし、仏道に帰依されたりしたら、それこそ資本主義にとっては致命的ですからね。

だから、見てくれは老人なんだけれど、中身は中学生程度という老人が増えてきている。この老人の幼稚化は彼らのアンチ・エイジングをめざす自己決定によるわけではなく、市場からの要請によるものなんだと思う。ネトウヨにも七〇代とかの高齢者が多いんじゃないかな。

白井 かつてあった『諸君』とか、今でもある『正論』といった右派系の雑誌では、だいぶ以前から読者の高齢化が言われているんですよ。『正論』でいえば、読者の九九％が男性で、購買層の平均年齢が七〇いくつとかで高止まりしているそうです。これだけ年齢層が高いと、『正論』読者は毎年亡くなって減っていっているはずですよね。にもかかわらず発行部数が激減せず、廃刊にならないということは、新しい読者をそれなりに獲得できているわけです。他方で、購買者の平均年齢は変わらない。これはつまり、「新たに読者になる人間もまた高齢者男性である」ということを意味しています。

内田 老人たちがああいう幼稚な社会観を進んで内面化してしまうのは、どうしてなんでしょう。

白井 かつては、「戦前に教育を受けた世代がやはり保守的心性を持っている」と説明できたのでしょうけれど、今新たに高齢者になる人は戦後の教育を受けていますから、この説明は成り立たなくなりました。そこで僕は「リビドー説」という、単純な仮説にたどり着きました。

なぜ高齢男性は右翼的な言説を好むのか。毎号毎号、ほぼ同じことしか書いていないのに、なぜ同じ雑誌を毎号買うのだろうか。それは高齢男性の、男性機能の衰えということと深く関係しているのではないか。やっぱり男にとって、「立たなくなる」というのはすごく淋しいことなのでしょう。勇ましい言動を好むのはその反動で、己の情けなさを集団の力、国家によって補ってもらいたいという気持ちが強く出ているのではないかと思います。

そういった人たちは、今の安倍政権を強く支持することになる。彼らのコアなエートスが、安倍さんの政治姿勢と非常によくシンクロしているんでしょう。安倍政権の場合、男性と女性で支持率の差がはっきりしていて、男たちの支持率が高く、女たちの支持率が低い。こうして見てくると、安倍政権というのは「日本のおじさん」の悪いところを煎じ詰めたようなものとして現れている気がしてきます。バブル崩壊後の「失われた二〇年」は誰のせいかという問いを立てるならば、それはおじさんたちのせいだと答えざるを得ない。なぜなら、政治の世界をはじめとして、この国の社会は圧倒的に男性中心主義であり、中高年男性が決定権を握っているからです。おじさんたちにかじ取りを任せてやってきたけれど上手く行っていないことは明らかなので、「そろそろ実権を少し譲ったらいかがですか」と言われている。しかし、絶対に譲らないと言って頑張っている。

『日本戦後史論』（徳間書店）で安倍さんの戦後憲法へのねじれた憎悪は「インポ・マッチョ」を思わせるという話をしましたけれど、政権支持率がそれなりに高止まりしているのは、このねじれたエートスが現在の日本の何かを代表しているからにほかならないでしょう。つまり、ここでいう「日本のおじさん」を代表しているのです。彼らは、「日本が上手く行っていない」ことに責任があるわけで、その意味で不能であることを日々証明されているにもかかわらず、「俺たちでなきゃダメなんだ」と言って強がっている。まさにインポ・マッチョです。

こういう人たちは、無意識の部分では不安に苛《さいな》まれているから、それが攻撃的な国家主義として現れてくる。女たちに言わせれば、「あんたが立たなくなったからってそれが何なの。個人の問題を天下国家に勝手につなげるな」ということになるでしょう。だから、女性の政権支持率は低い。

内田　つまり「性的無力感から国威発揚に向かう」という解釈ですね。怒るだろうねえ、右翼老人にそんなことを言ったら（笑）。しかし、高齢者向けのメディアが、物語のパターンがシンプルで幼稚であるということは間違いないですね。同じストーリーパターンをひたすら飽きずに繰り返している。政治的主張の枠組みももう決まっていて、その目標に合致するデータをひたすら詰め込んでゆく。そんなものをいくら読んでも最初に持っていた自分の世界認識の枠組みがひたすら強化され、硬直化するだけで、知性はとめどなく劣化してゆく。それを恐ろしいとは思わないのかな。

現に、そういう老人たちは、新しい出来事が起きても、それが「中国韓国はよろしくない」と「日本はえらい」という既知の結論にすぐに繋がらない話だと、まったく関心を示さないでしょう。理解したいという欲求さえない。たとえば、アメリカ大統領選挙にサンダースやトランプが登場してきたときにも、「その事件を右翼論壇はどう評価すべきか」を『WiLL』や『正論』が確定してくれるまでは、自己責任では絶対に言及しないでしょ。新しい出来事、前代未聞の出来事に直面したときに、十分なデータがない段階で、その意味を理解し、適切な対応をするのが知性の一番大切な仕事なんだけれど、この「ワンパターンでしか思考しない」人たちは、そのパターンから逸脱する出来事については理解するという努力をはじめから放棄している。

白井　同じパターンの繰り返しという点では、右派雑誌はポルノグラフィーに似ていますね。ポルノグラフィーの場合も、観賞者が見ているものは基本的に常に同じですよね。裸体と性交だけであると。それは、リビドーとはそういうものだからです。

内田　ポルノと右派雑誌はたしかにすごく似てるなあ。

白井　まあ、かつての左翼雑誌にも似たようなケースがあったと思いますが、それこそそれは左派に元気があった頃ですね。国家主義への志向が、リビドーと強く関係していることは間違いないと思います。主に男性の。もちろん女性の中にも非常に男性的な方がいますから、例外はありますが。

内田　高齢者の場合、仕事から引退したあと、自分の社会的有用性に不安が生じてくると、その無力感を政治的に過激な言説で補償するということはあるかも知れないなあ。

白井　それはあると思います。承認欲求が満たされなくなると、大きな声を上げたくなるものですから。小林よしのり氏がネット右翼を批判して、「世の中の景気が悪くなって、個人の生活でも苦悩する人が多くなり、その結果、傷ついた自尊心、自意識を国家意識でもって嵩上《かさ》げしようとする人間が増えた」と指摘しています。この指摘自体は正しいと感じるんですが、「そういう風潮をつくったハシリはまさにあなたじゃないか」という気もするんですが。

「高齢化社会における、老人の心の荒廃」といった問題も言われていますね。それに関して一番厄介だと言われているのが、かつて社会的地位が高かった老人です。たとえば教師ですね。子どもたち相手に威張る仕事を何十年もやっていたのに、引退によって突然、威張れなくなる。するとそのギャップに心がついて行けなくなって、奇矯《ききょう》な振る舞いをしたり、店で異常に傲慢な態度をとったり、公共施設で非常識な要求をして出入り禁止になったりといった問題行動を起こしがちになるんだそうです。他人事でなく恐ろしい話です。

旦那芸を復活せよ

内田　それはよく聞きますね。母親から前に聞いたけれど、高齢者向けのデイケアで一番厄介なのは「昔偉かった爺さん」だそうです。「オレを誰だと思っているんだ。もっと敬意を払え」という態度を取るので、他の老人たちからも職員たちからも嫌われる。もちろん、そういうことは昔からあった話で、今に始まったことではないでしょう。ただ昔の老人のほうがいくぶんか自制が利いていたんじゃないかな。

僕はそのためにも「旦那芸の復活」を力説しているんです。昔はある程度の社会的地位に達した人は五〇歳くらいになると、何か「旦那芸」を習ったものなんですよ。謡《うたい》をやったり、浄瑠璃《じょうるり》をやったり、俳句をひねったり、参禅したり、元気のいい人は武道をやったりした。こういうお稽古事の一番いいところは、初心者はとにかくシステマティックに師匠に叱られるということなんです。それなりの年齢になって、ある程度の社会的立場に達すると、もう上の人から叱られるということがなくなるじゃないですか。これは知性にとっても、感受性にとっても、いいことじゃないんです。人間は、定期的に叱られて、自分の「ダメさ」を自覚することが必要なんです。

白井　あえて叱られる立場に自分を置くと。人類学的知恵ですね、それは。

内田　お稽古事をすると、とにかく初心のうちは何をやっても失敗する。一挙手一投足のすべてが間違っていて、すべて叱られるわけですよ。でも、お稽古事のいいところは、どれほど失敗しても、どれほど下手くそでも、いかなる社会的なペナルティもないということなんです。

僕は能を長く稽古してますけれど、お稽古で失敗すると、先生から縮み上がるほど叱られるわけですよ。でも、よく考えると、謡の詞章をひとこと間違えても、足の運びを左右間違えても、そんなの別に「どうだっていいこと」なんですよね。それで誰かが困るわけじゃないし、誰かが迷惑するわけでもない。何の実害もない。ただ、叱られて、本人がちょっとしょんぼりするだけで。でも、これって、老人のエゴの肥大を抑制する上では抜群の効果があるんです。「違う！　何度言ったらわかるんだ！」と一喝されるとどんな偉い人でもすくみ上がる。日本の伝統として、旦那芸があったのは、老人が自我を肥大化させて、みんなの迷惑になるのを防ぐための文化的な装置だったんだろうと思いますね。

白井　なるほど。旦那芸の復活は、社会的に重要なことなんですね。

内田　中高年男性はとにかくものを習ったほうがいいですよ。ただ、カルチャーセンターに行ってすぐに始められて、決まった月謝を払えば、ある期間だけ習えるというようなのは旦那芸にならない。カルチャーセンターでは師弟関係が発生しませんからね。来る方には技芸を商品だと思って、金で買う気で来てる人もいる。こういう人たちは講師に叱られたら逆ギレしちゃう。なんで、「カルチャーセンターの講師ふぜい」に「オレのような偉い人間」が叱られなくちゃならないのか、って。教わるコンテンツが商品で、月謝がその代価だという商取引的なフレームワークの中にある限り、何年稽古しても、それは旦那芸にはならない。だって、身が細るほど叱られるためにやるんですから。叱られるのが厭だから寝食を忘れて稽古に打ち込むようじゃないと、旦那芸にならないんです。旦那芸だって、芸である限り、修行はエンドレスなんです。三〇年くらい続けて、七〇、八〇になった頃にようやく「人前でお見せできる程度にはなりました」というような稽古をしていると、老人になったときに人間がだいぶ丸くなる。コンビニのカウンターで店員怒鳴るような爺さんにはなりません。

白井　あるいは、座禅をやって肩を打たれるといったことも、同じ意味を持っているのかもしれませんね。

内田　そうだと思います。座禅にしてもふつうの人は別に大悟解脱《だいごげだつ》を求めて禅堂に通うわけじゃないでしょう。自分がずっとやってきて、そこでは成功したプログラムとは違うプログラムに乗って、もう一回ビギナーからやり直すというのが大事なんじゃないですか。何か一つことに熟達して、それなりの評価を受けるようになったら、またゼロから新しいものを習う。それを繰り返す。それがとてもたいせつだということを昔の人は知っていたんだと思います。昔は現役を引退すると息子に家督を譲って、名前も譲って、自分は隠居名を名乗って、それまでのライフスタイルと離れて、「老人としての新しい生き方」をしたわけでしょう。誰もそれまで老人になったことがないから、「正しい老人としての作法」も一から学んでいったわけですよね。

白井　「老人」に入門しなければいけないと。

内田　着物を着たり、文楽観に行ったり、吟行に行ったり、漢詩書いたり。老人は「そういうことをしなければならない」という暗黙の社会的要請があったでしょ。それは老人に老人らしいふるまいを新しく学ばせて、それを面白がるようにしておくことで、老人がもたらす害を最小化するための仕組みだったというような気がしますね。

谷崎潤一郎の『蓼喰う虫』には「老人ごっこ」を楽しんでいる老人と、それに憧れる青年が出てきますけれど、たしかに「老人がするとつきづきしいこと」ってあるんですよ。若い人が「老人しかできないこと」を羨み、憧れるという文化がかつてはあった。欲望の対象を年齢によって「散らす」ことのたいせつさを昔の人は知っていたんですね。

白井　おそらく、そうした社会的な知恵がなくなっていくことも幼稚化なんでしょうね。「老害は放っておけば発生するもの」という認識があれば、「なんとかしてそれをミニマムにしよう」という知恵も働くのに、幼稚化しているのでそこが野放しになってしまう。

若い世代の幼稚化とイニシエーションの欠落

白井　「成熟の拒否」という言葉がありますが、若い世代の幼稚化の進行も、かなり深刻です。僕は大学という場でかれこれ二〇年ぐらい定点観測していることになりますが、ここ数年で目につくのは、学生団体の告知や勧誘のポスターにおいて、いわゆる萌えアニメ的な絵柄が増えたことです。ロリコン趣味の肯定は、いつの間にか堂々とやってよいことになった。ファッションも幼稚化しています。ファッションに敏感なのは主に女学生ですけれども、かつては大人っぽい装いをしたいという傾向があった。それが時代とともに「かわいい女」になってきて、さらに今は「子どもっぽい女」という自己演出をするようになっています。

こういう言い方をすると、「いや、そのような姿を『あえて』再帰的に選んでいるのだ」という反論が出てきそうですが、違うと思います。反省的にそのような選択をしているのではない。そのわかりやすい指標が、大学生の顔つきです。二〇一〇年代の大学生と九〇年代ぐらいの大学生、さらに七〇年代、六〇年代の大学生とで、みんな違う顔をしています。とにかく年代を経るごとに、どんどん幼くなっている。これは実に強烈な傾向です。

内田 確かに。『サザエさん』に出てくる一九五〇年代の大学生なんか今だと「おじさん」ですからね。

白井 最近知ったんですが、『サザエさん』に出てくるマスオさんの同僚のアナゴくんの年齢設定は、二〇代なんだそうです。今ならとてもあり得ないでしょう。絵柄からしたら、五〇歳ぐらいの感じがしますよ。でも、作者の長谷川町子が描き始めたときには、二〇代の男の顔があんな感じだったということなんですね。

内田 僕らが子どもの頃の大学生のイメージはもっと大人でしたよ。「お兄さん」ではなかった。

白井 歴史的に見ると、学生紛争が終わったあたりから、急激に大学生の顔つきが幼くなってきたと感じます。

内田 政治闘争というイニシエーションがなくなったためでしょうね。

白井 イニシエーション、通過儀礼ですね。かつては政治闘争が大人への階段として機能していたと？

内田　あれは一種のイニシエーションだったと思いますよ。これは男性だけにしかかかわらないことなんだけれど、かつては少年期から青年期に至る途中に、そこを通過するための儀式があった。江戸時代までは元服であり、戦前には徴兵だった。戦後は兵役がなくなった代わりに、一九五〇年代から七〇年代までは、「政治闘争に対してどうふるまうか」が一種の踏み絵として機能していた。それは無視することも迂回することも許されないもので、参加しないならその理由を明らかにしなければならないし、参加するならどのような党派に与《くみ》し、どれほどの戦闘性を以《もっ》て戦うのか……それについて個人的に態度を明らかにする必要があった。でも、この学生たちの政治闘争というのははじめから「負けることを宿命づけられている」わけですよね。どんな党派に参加しても、参加しなくても、卑怯にふるまっても、勇敢にふるまっても、どのみち全員が負ける。政治闘争にかかわれば、警官に殴られたり、党派の官僚に絞られたり、他党派の連中にテロられたり、いろいろひどい目に遭うし、「そんなくだらぬものには参加しない」という選択をすればしたで、「臆病者」「日和見」「権力の走狗」などと心ない罵声を浴びせかけられて、やっぱり深い傷を負う。かかわれば傷つく、かかわらなくても傷つく。誰も逃れることのできないこの通過儀礼によって「どういうふうに傷ついたか、そこからどのような自己治癒を果したか」ということについて、全員がなんらかの語るべき言葉を持っていた。その言葉によって人間としての質や成熟度を考量するということができた。でも、七〇年代のどこかの時点で、イニシエーションとしての政治闘争はなくなってしまった。たぶん、通過儀礼としてはあまりにも非効率だし、受ける傷も深かったからでしょうね。投獄されたり、一生残る障害を負うことだってあったんですから。

白井　今は、あえて言えば就活ですよね。みんながやっていて、それで苦労して、いやな目にも遭っている。それこそ、イニシエーションですね。みんながやっているのに自分だけがそれをやらないと、自分が欠陥人間になってしまうような、そういう感じがありそうですね。

内田　就活に対してあれだけ熱心に取り組むのは、就活がイニシエーションに代替するものになっているからだというのは、たしかに言えそうですね。就活の場合も、就活すれば傷つけられるし、就活をしないという選択をしてもやはり傷つく。「そこを通過すると、とにかく全員が例外なしに傷を負う」という世代経験は、今は就活ぐらいしかないかもしれないですね。大学入試はもうイニシエーションとしての機能は果してないですから。

受験勉強がなくなったことによる学力低下

白井　大学入試の変質も、若い世代の幼稚化の大きな要因であろうと思います。

かつて受験戦争の弊害が叫ばれた時代があって、「こんな画一的な受験システムではダメだ。もっと入試の方法を多様化すべきだ」という意見が強まり、ＡＯ入試やゆとり教育といった制度が導入されてきたわけです。しかしその結果わかったのは、先ほども話題になったように、「少々システムを変えてみたところで、画一的という行動様式は変わらない」ということだったと思うんです。

僕らのように教育の仕事をやっている立場から見ると、そもそも学校教育というものは社会的制度であって、基本的に画一的なものなんです。「制度なんだから、画一的でいいじゃないか。下手にシステムを変えないでくれ」という思いがあるわけですよ。やり方を変えると、その分だけ大変な労力が要る。それなのに、やり方を変えたところで結局、人間の行動は変わらない。

内田　本当におっしゃるとおりです。

白井　一方で画一的な入試制度を無くしてしまった弊害は大きい。多くの私学でAO入試で入ってくる学生の割合が増えてきました。AO入試とは本来、画一的な学力試験では測れないような大変な能力、それを証明する際立った何らかの実績を持った学生を入学させようという制度でした。ところが、あっという間にその実態は、学力試験の単なる無効化になってしまいました。当たり前のことですが、高校生の年齢で、大変な社会的インパクトを持つような何かをすでに成し遂げている者など、ほとんどいるわけがありません。したがって、AO入試はすぐに、私学の経営安定のためにできるだけ早く、手っ取り早く入学者を確保するためのシステムになってしまいました。その最大の問題は単純で、AO入試で入ろうとする受験者は、学力を自分の能力のギリギリまで伸ばすということをしないことです。AO入試の広がりが大学生の学力低下を助長している面があると言わざるを得ない。僕などは「もうAO入試なんて全部やめて、統一的な試験に戻したほうがいい。結局、それが一番手間がかからないんだから」と思うのです。

内田　以前に僕がいた神戸女学院大学でも、同窓生優遇のために「同窓生の娘、孫、妹に対しては別枠で学科試験を課さない面接と小論文だけの試験をしよう」という案が出たことがありました。女学院は同窓会の貢献度が非常に高くて、卒業生たちの母校への愛校心によって支えてもらっている部分があるんです。だから、同窓生の関係者なら、大学に対して親近感も持っているだろうし、忠誠心も高いだろうから、優遇する根拠にはなると思って、僕も賛成したんです。ところがいざ、ふたを開けてみたら、定員を超える受験生が来ちゃって。そうなると何人かは落とさざるを得ない。でも、小論文と面接だけですからね、それで合否を決めなきゃいけないわけですよ。結果を発表したら、当然ながら、親御さんからクレームがついた。「いったいうちの子のどこが悪いんですか?」って。だって、小論文と面接だけですからね。「うちの子のどこに問題があるとおっしゃるんですか」と言われちゃうと、返答に窮する。

白井　意味がわからないと。

内田　それに懲りて、翌年から学科試験を課すことにしました。学科試験さえ課しておけば、落ちた場合でも「いや、ぎりぎりのところで、もう一点足りなかったんです」と言えますからね。落ちた受験生だって、「あと一点足りなかったのか」で納得してもらえる。別に人格について否定的な判定が下ったわけじゃない。

そのときにどうして学科試験を課してきたのか、その理由がわかりました。それは学科試験は、課す大学の側も、受ける受験生の側も、それが「人間の能力のごく一部しか計れないので、人間的価値とは無関係である」という了解を共有していたからなんです。だから、ばんばん落とせるし、落ちたほうのダメージも少ない。「入試というのは人間の能力のほんの一部、それもあまり本質的でない能力しか判定できないものだ」ということについては社会的合意がある。だから、自分より偏差値の高い大学に進学した友だちに対しても別にコンプレックスを感じなくて済むし、高偏差値の大学に行ったやつがドロップアウトしてもあまり人は驚かない。だって、「入試じゃ人間の価値はわからない」とみんな思ってくれているから。

そういう「人間の価値がわからない学科試験」は、だからこそ、他のどんな査定システムと比べても、間違いなくきわめて客観的な査定システムでありえたんです。「客観的ではあるが、それでは人間の価値を判定することはできない」という特性が実は学科試験の取り柄だったんですね。

白井　おっしゃるとおり、学校教育で受ける試験で、一〇〇点を取れるのか、八〇点を取れるのか、五〇点しか取れないのかというパフォーマンスは、所詮は一つの物差しにすぎないですよね。もちろん、その点数が将来の地位や収入にかかわってくるので、重要な指標ではあるのだけれども、他方で子どもたちは、「試験の点数というものは、ごくごく一面的な評価でしかない」ということも、感覚的にわかっていたと思うんです。

ところがそれが、ゆとり教育のあたりからおかしくなってきた。「生きる力」とか「人間の総合力」みたいなことを言われ始めて、あれは本当に気持ち悪かったですね。たとえば、英語が五〇点で、あるいは数学が五〇点で、「おまえ、ダメだね。落第だね」と言われたとしても、それはたまたまその科目の点数が悪かったというだけの話です。ところが「人間としての総合力でおまえは五〇点だ」と言われたら、これはもう、その子の人間性の否定じゃないですか。僕がゆとり教育でひどく不快に感じたのが、「なんで学校如きにそこまで言われなければならないのか」ということでしたね。

内田　かつての受験勉強はほとんど苦行に近かったですよ。「四当五落」なんて言葉、白井さんの世代は聞いたことないでしょうけれど、これは「試験の前に睡眠時間を一日四時間まで削れた受験生は合格するが、五時間寝た受験生は落ちる」という意味です。僕たちが中学生の頃に言われていた言葉です。試験に落ちた子たちだって五時間の睡眠で勉強してたんですよ。

あれはほとんど「行」でしたね。だって、覚えても何の意味もないことを延々と暗記させられるわけですから。ただ、志望校に落ちたからといって、社会的にそれほどにきびしいペナルティが科されるわけでもない。その点も「行」に近い。

禅寺の修行って、何の意味があるのかまったくわからないことを延々とやらされるので、一年も経たないうちに二割くらいはうんざりして脱落しちゃうんだそうです。でも、修行を成就しなかったからといって、お寺の住職になれないわけじゃない。行の成否は生業を営むことにはあまり関係がない。

それと似た感じの「受験勉強修行」が小学校高学年から始まって高校三年まで続いた。行が成就するとほめられる。でも、それによって市民的成熟を遂げるというようなことは全然ない。その点がイニシエーションとの違いですね。

白井 ただ、その無駄な苦行をやめたらよくなるのかと思ったら、「もっとひどくなってしまった」というのが教育現場の現実です。

教育の現場を知らない人ほど「受験勉強の弊害」を言うわけですよ。「日本が今これだけダメになっているのは、受験勉強みたいなくだらないことをやってきたからだ。それが問題だ」と今もまだ言っている人たちがいるんですが、現状認識がまったく間違っています。

今や少子化が進んで、かつてのような激しい受験地獄などないんです。入学者全員に厳密な学力試験を求める大学は、本当にごく一部だけになってしまった。AO入試には長期の受験勉強など必要ありませんから。そうやって競争が緩んで、受験というある種の壁がなくなった結果、学生たちに何が起きているのか、そういう人たちはわかっていない。

私はある学校で初年次向けの演習科目を持ったことがありました。それで期末レポートを出させた。でも、提出してきた七、八人のレポートの半分以上は、読まずに即返しました。返した理由は、段落を改行しているのに、そこで一字、冒頭を空けていなかったからです。

おそらく彼らは、「改行したらそこで一文字空けなければいけない」ということを、一〇年近くずっと学校で教えられ続けてきたはずなんです。一〇年間近く言われてきたにもかかわらず、それができない。これは僕は本当に恐るべきことだと思うんです。

この傾向がこのまま続いていったらどうなるか。冗談ではなく、大学で九九を教えなければいけなくなるでしょう。それぐらい、学ぶ姿勢というものが危機に瀕している。

そういう学生たちでも、何かのきっかけがあれば、ちゃんと勉強するようになる場合もある。それについても、わかりやすい基準があります。それは勉強でなくても、スポーツなり音楽なりで、何か一つのことにがんばった経験があるかどうか。努力した経験のある子は、何かのきっかけでスイッチが入れば、知的にもすごく伸びていく。「高校まで運動部にいました」という子は、意外に大化けするという印象があります。高校まで続けたということは、たとえ強豪校でなかったとしても、それなりにがんばったということですから。

反対に一八、九になって、それまでの人生で、「自分はこれでナンバーワンになりたいんだ」という意欲を持って何かを一生懸命やったという経験が何ひとつないという子は、本当にきびしいと僕は思う。

先日も文科省が一部の大学に対して、ピント外れの指導をしていました。「数学の授業で因数分解を教えていた」とか「英語の授業でｂｅ動詞を教えていた」というんですね。それで「そんなのは大学で教えることではないだろう。もうちょっと大学らしいことを教えなさい」と行政指導したというんです。

大学に言わせれば、「現にわかっていないんだから、どうしろというんだ」という話なんですよ。「大学に来る前に、まともな基礎学力をつけてくれないから大学でやっているんだ」とね。

そうすると「高校が悪い」という話になるわけですが、高校の先生にも言い分はあるわけで、「いや、そんなこと言われたって、高校に入る時点で学力がついていないんだ」と言うでしょう。そこで中学が悪いんだと言えば、中学は中学で、小学校が悪いんだと言う。小学校の先生にも当然言い分はあるわけですよ。「家庭学習がおかしいんです。学ぶという姿勢が最初からまるでない。だからこういうことになっているんです」とね。

となると今度は、「問題は家庭学習だ」という話になるわけだけれども、じゃあ、本当に家庭が悪いのか。お父さんお母さんのモラルが、時代の風潮によってそんなにガタ落ちしているのかといったら、決してそんなことはないでしょう。どの親にしたって、自分の子どもが勉強の面にしろ、規律の面にしろ、それなりにちゃんとした子になってほしいと願っているわけです。

そうなると、これはもう子どもを取り巻いている社会環境、その社会環境が発してくるメッセージ、これによって危機が起きているんだと考えざるを得ない。教育を立て直すというのは、本当はそういう問題のはずなんです。ところが政府は、相変わらず受験制度を変えたりカリキュラムをいじることばかりにかまけている。教育問題の本質が何もわかっていないと思いますね。

内田 僕もそう思います。個々の家庭における家庭教育の失敗ということではない。これは社会全体の風向きですから。若者の未成熟、老人の幼稚化、こういうことが全社会的に起きているというのは、「成熟するな」という目に見えない強い圧力が働いているからでしょう。

今の日本社会では、市民的成熟を妨げようとする力があらゆる局面で働いている。学校教育の中でも、まず「成熟」という言葉は出てきません。文科省にも、子どもたちの市民的成熟をどう支援するかというような発想はまったくありません。文科省が推進しているグローバル人材育成なんて、要するに何も考えずに上司の言うとおり死ぬまで働く、収奪しやすい、批判精神ゼロの人間のことですからね。そういう人間を大量に作り出すように文科省が日本中の大学に要請している。

固定化しつつある階層と階級

内田　トマ・ピケティの『21世紀の資本』（みすず書房）で一時期話題を賑わせた格差解消

のためにどう資源を分配すべきかという議論は、すぐに下火になってしまいましたね。もう誰もピケティの名前さえ口にしない。

白井　日本の場合、二〇〇〇年代半ばぐらいから格差問題に焦点が当たって、それもあって政権交代が起こり民主党政権が誕生したという流れがありました。しかし新政権で格差問題が解決されたのかといえば、何も変わっていない。いろいろ迷走しただけで解決はされていないのだけれども、格差問題の解決を掲げて政権を奪取した民主党の転落とともに、いつの間にか格差論は下火になってしまった。

内田　今は格差よりもむしろ貧困について話題になっているようですね。

白井　そう思います。格差が開いてきてまずいですね、という次元ではなくなってきたということでもあります。絶対的貧困が目につくようになってしまった。次は何に焦点が当たるのか。やはり階級というところに行かざるを得ないのではないでしょうか。

内田　階級か、それとも階層かな。階級と階層、階層社会と階級社会で、少し意味が違うと僕は思っているんです。

階層は文化資本の多寡を経由して再生産される。文化資本というのは、それを持っている階層においては有意だけれど、そんなものに縁のない階層にとっては何の意味もないものです。だから、文化資本に縁のない階層は、たとえば、パリのバンリューに暮らす移民たちは、フランス文学についての知識とか、印象派絵画についての鑑賞眼とか、テーブルマナーとか、ワインの適切なセレクションとかについて、そもそもそんな知識が有用だとさえ思っていない。でも、フランスの場合は、文化資本がそのまま社会的格付けの指標になるので、「そんなもの要らん」という人たちは、まさにそのふるまいによって自動的に社会の最下層に自分自身を釘付けしてしまう。

階層社会では、階層ごとに使用言語、生活規範、食べ物、聴く音楽、好きなスポーツ、出入りするレストラン、でかけるリゾート地……そういったものが全部違ってくる。そして、それぞれが自分のいる「圏」がたいへん居心地がよいと思っているので、階層間での流動性が失われ、階層間の壁がさらに高くなってゆく。

それに比べると、階級差の指標というのは、要するにカネがあるかないかというだけのことですから、何かのきっかけで最下層の人間が超富裕層に駆け上がるということがありうる。ギャングでも、詐欺師でも、才覚があって超富裕層に列されれば、それに相応《ふさわ》しい社会的威信を認められる。知性とか芸術的感受性なんかがカースト上位であるためには必要だなんて、誰も思っていない。現代の日本やアメリカや中国はそういう社会だと思います。変化する社会環境に対する適応能力の高さ、機動性の高さによって、うまくすれば一気に権力中枢にまで登り詰めることができる。

階層社会というのは文化資本の多寡によって分かたれており、文化資本は個人の身体に内面化されている。身体化した文化資本は簡単には身に付けられないけれど、一度身に付いたら失われない。そういう惰性的なものが階層の差別化指標になっているので、社会的流動性は低い。一方の階級社会はカネの多寡によって分かたれており、カネには「色がついていない」ので、社会的流動性は高い。そういうことになるんでしょうか。

白井 階層と呼ぶか、階級と呼ぶかについては、言葉の定義を整理する必要はあるでしょうが、多くの人が言うように、僕は日本も階層社会、階級社会になりつつあると感じています。僕なりの定義をするなら、単に貧富の格差があるというだけでは、階級社会とは言えないと思うんです。それが世代を超えて固定化されたときに、階級社会になってくる。戦後の日本で「一億総中流」と言われた社会状況では、階級間の移動がかなりの程度あった。だから「こういう風通しがいいのは良い社会だ」という感覚が国民の中にもあって、広範な支持を集めることができたんですね。

わかりやすい指標として、たとえば自分の大学の同級生と親しくなって、どういう家に生まれたのかというような話をしたとき、かつては親の世代が高卒だったり、中卒だったということが珍しくなかったわけです。

ところが、そうした階級間の移動が急速に減って、世代を超えた固定化に向かっている。たとえば今、名門大学は付属校をたくさん建てています。これは偏差値を高止まりさせるためだと言われている。大学の名声は一般入試における偏差値によって大いに左右されるから、大学としてはなんとかしてそれを高止まりさせたい。しかし少子化が進んでいますから、その方法としては、募集人数を減らすことくらいしか有効策がない。しかし単純に募集人数を減らしたら、学生数が減って大学の収入も減ってしまう。なんとか頭数を確保した上で募集人数を減らしたい。だから付属校を作ってそこから大量の学生を入れて、一般入試については募集人数を絞って偏差値を保つということをするわけです。

かつては「いい学歴をつけたい」と思ったら、基本的には一発勝負の大学入試でがんばるしかなかった。ところが付属校が増えたことで大学に入るためのルートが多様化した。付属校には高校から入ることもできるし、中学から入ることもできる。小学校から入ることもできるわけです。さらに入学試験自体も多様化しています。ＡＯ入試なども増えているし、推薦枠も増えています。実はそのことが、親の年収と結びついた新たな学歴格差を生んでいるんです。

ある私立大学で教えている先生から数年前に聞いた、身も蓋もない話があります。その先生は当時、近く大学を移ることが決まっていて、「移れてよかった。今勤めている大学は潰れそうだ」と喜んでいたんです。訊くと、講義の他に学生担当委員の仕事もしており、そこでやっている仕事というのが、「授業料を納められないので、延納させてください」という書類に判をつくことなんだそうです。そういう仕事を通じて、入学してくる学生の家庭が貧しくなってきたことが如実にわかるということで、大略以下のような話を聞かせてくれました。

いわく、かつてその大学は金持ちの家の学力の低い子弟の来るところだった。だから、大学の駐車場にはベンツやBMWが並んでいた。学生が外車で通学していたというのです。ところが今や、むしろ貧困層の子弟が来るように変わってきたわけですね。

これは単に少子化や親世代が貧しくなってきたというだけの問題ではないんです。そこから透けて見えてくることは、一つには、お金持ちの家では、もう子どもを低偏差値の大学にはやらなくなったということ。それより今は、お金さえあれば、もっと評判の良い大学に、小学校から高校までのどこかの段階で入れることができるわけです。

金持ちの子弟はそうやって順調に学歴をつけることができる一方で、低偏差値の大学に入ってくる学生はどういう家の子なのか。それは「ここに高い授業料を払って行かせても、将来のキャリアパスにならない」ということが理解できないほど、文化資本が貧しい家です。そういう家庭だから、行かせている途中で学費が足らなくなって、授業料が払えないということも起こる。計画性がない、というのですね。

内田 ううむ、憂鬱な話ですね。僕には、日本社会では文化資本の排他的蓄積というのはあまりなされていないという印象があるんですけれど、白井さんはやはり階層の固定化が進んでいると思われますか。

白井 はい。日本では、かつては親世代に学歴がなく、資産や文化資本がなくても、勉強ができてその地域の名門公立高校に進学できれば、そこから名声ある大学に進学できる。そうやってそれなりの学歴を得ることができて、そこそこ安定した将来を考えることができたわけです。しかしその構図はもう急速に崩壊しつつあると思います。

今、難関中学をめざしている子たちには、進学塾のＳＡＰＩＸ（サピックス）が人気だそうです。急速に実績を伸ばしている。そのＳＡＰＩＸは代々木ゼミナール関連会社に買収されたんですね。代ゼミ本体は大学受験指導が尻すぼみで、そちらからは手を引いて、「実質的に不動産業に転業したのでは」などとも言われていますが、主な市場を大学受験よりも中学校受験にシフトしたと見るべきかと思われます。

この転換はまさに象徴的で、日本では今、学力上位の層におけるセレクションの主な場が大学受験から中学受験にまで早まってきていることを示しています。そうなると、個人の努力以上に世帯の収入が大きく効いてきます。SAPIXであれどこであれ中学入試対策塾の学費は、年間一〇〇万円前後にもなるそうです。それが払えない家の子は、難関中学への進学は難しいということですね。

内田 そうか……そういうところから階層分化が始まるわけですか。

白井 つまり、日本では学歴も露骨にカネ次第になってきつつあるということです。東大生の親の収入データなどを基にこうした傾向はかなり以前から指摘されてきましたが、教育の現場にいると、本当に今、この傾向が露骨になってきたことを強く感じます。

日本を脱出できる人間が高く評価される

白井　昨年の安保関連法案に反対するSEALDsの活動は大きく取り上げられましたけれども、他方では彼らに対する冷ややかな視線や攻撃もかなり出ていたようです。熱心な安倍信者の人たちが、「敵だ」と言って叩くのは理解できるんですが、そうではない批判もありましたね。

内田　批判していたのは、どういう理由で批判するんですか。

白井　ホリエモン的な視線の論評が多かったですね。「そんなことをやっても何も変わらない」とか、「デモとかやっているのは古臭い」だとか。あるいは、「彼らは結局、社会主義的な保護を求めているのであって、それは自立心が足りないということだ」という人もいました。おそらくどういう理屈をつけようが、それは表面的なことで、要は「ああいった活動そのものが生理的に嫌だ」という人たちがたくさんいるんです。

内田　自分たちは既成のルールの内側で、ルールを出し抜いたり、ニッチを狙って成功してきたという自負がある人たちでしょうかね。そういう人たちは「自分はありもののゲームのルールに則ってプレーして、それで勝った。お前たちはゲームのルールを変えようというのがけしからん」という思いがあるのかも知れない。別に競争で勝ちたくなんかないけど、もう少しまっとうな暮らしがしたいというSEALDsの言い方って、「成功者」からすれば、彼らの成功をぜんぜん羨んでいないことがわかりますからね。それで、自分たちの努力や才能を軽視されたような気がして、むっとするのかも。

白井　反発する理由はよくわかりませんが、ただIT起業家の人たちには、「自分がよければ、他の人のことは関係ない」という考え方の人が多い気はしますね。「もし住みにくくなったら、日本なんか捨ててもいいんだ」というような。ホリエモンにしても「戦争になったら現金をたくさん担いで、海外に脱出します」とはっきり言っていますからね。

内田　そうですね、彼らは機動性の高さで勝負しているので、ナショナリズムとは無縁ですね。その意味で右翼とは違う。そういう人が社会の上位に格付けされているというところがやっぱり新しい状況なのかな。

土佐弘之さんという国際政治学者が、現代社会で資源分配に一番関与している能力は機動性（mobility）だと論じていました。機動性というのは文字どおり「動ける」能力のことです。状況の変化に応じて、住むところを換え、職業を変え、国籍を変えることができる人たちです。分かりやすく言えば、自国内で内戦が起きたり、テロが起きたり、パンデミックが蔓延したりしたときに、自家用ジェットに乗ってぱっと海外に脱出できる人間のことです。こういう人たちと、破局的事態が訪れたときに徒歩で国境まで歩かなければいけない人間の間にある機動性の差はしばしば命にかかわる。

機動性の高い人というのは、世界各地に家があり、仕事があり、友人知人のネットワークがあって、何か破局的なことが起きて、日本を捨てることになっても、別に困らないという人たちです。シンガポールに会社があり、ハワイにコンドミニアムがあり、パリにアパルトマンがあり、ケイマン諸島に銀行口座があるから、日本から出ても、日本がなくなっても、少しも困らないように準備ができている人、そういう手回しのいい人が現代日本社会では非常に高く格付けされている。

逆に、このグローバル社会で、最下位に格付けされるのは、日本語しか話せず、日本以外のところで暮らしたことがなく、暮らす当てもなく、日本の山河が好きで、日本のご飯が好きで、日本の宗教や儀礼が好きで、日本の音楽が好きで、日本列島どころか郷里からも出たくない……というようなローカル人材です。彼らの特徴は「移動できない」、機動性がないということです。そういう人間が今の日本では最下位に格付けされている。

まことに逆説的なことになりますが、現代日本では「いつでも好きなときに日本を捨てられる人、日本が破局的なことになっても少しも困らない人」が国内的な格付けでは最上位になっている。僕はよくこういう喩《たと》えを使うんですけれど、それは「船長を任せるなら、かりに船が難破したときに、すぐに救援ヘリを呼び寄せて、乗員乗客を残して自分ひとりだけ艦橋から脱出するくらいに目端の利いた人がいい」と言っているようなものです。ほんとに不思議ですよね。日本を捨てることができる能力を高く評価して、その人に日本はどうすればいいかを決定してもらおうというんですから。

白井 はい、普通に考えれば、途方もない倒錯が起きていることがわかるはずなんですね。ところが、この傾向はまったく止む気配がなく、「グローバル人材になるためには何をしたらいいのか」と説く、ハウツー本が多い。

内田 中学くらいで子どもを海外に留学させたり、国内のインターナショナルスクールに送り出すという流れは、もうだいぶ前からありますね。僕のところにも時々、『日経キッズプラス』や『プレジデントファミリー』といった雑誌から取材が来ます。「英語教育はどうすべきでしょうか」とか、「子どもを早くから海外に出すことをどう思われますか」といったことがよく訊かれるんです。都市部の主婦の中には、「夫を東京に残して、奥さんと子どもだけ海外に行って、インターナショナルスクールに子どもを入学させて、そこで中等教育を終わらせ、大学は英語圏の学校に行かせて、子どもはそこで学位を取って日本に帰ってくる」といったキャリアパスを考えている人が増えているらしいですけど、それについての意見を訊かれたりする。そういう話を聴いて、なんだかげんなりしちゃったんですけれど、彼らはみんな「日本を捨てることができる人、日本に見切りをつけた人、日本の社会制度をまったく評価しない人」たちこそ日本社会で高い格付けを得るのが当然だと信じきっているんです。それが「変だ」と思っていない。そのほうがよほど変ですよ。

前にある委員会で、日本の教育制度をあしざまに言う人がいて、「だから、うちの子は日本の学校にやらず、高校からアメリカに留学させて、いまはハーバードに行ってる」って威張ってるんです。僕はこの人、言ってることが変だなと思いました。その人の子どもがそのまま海外で就職して、家族持って、暮らすというのなら「お好きにどうぞ」としか言いようがないけど、この先、日本に戻ってきて、アメリカで受けた教育を「日本から出られなかった他の日本人」と競争するときのアドバンテージとして利用するつもりなら、それはおかしいと思った。だって、「わが子にはろくでもない日本の学校教育を受けさせない」と言う人は、自分の子どもはその「ろくでもない日本の学校教育」しか受けられなかった子どもたちより相対的優位に格付けされるべきだと当然思っているでしょ。だとしたら、その人は無意識的には日本の学校教育がこれからもずっとろくでもないものであり続けることを願っているはずだからです。だって、そうしないと日本の学校を見限って、海外に留学させたコストが無駄になるじゃないですか。海外に留学させたけれど、「なんだ日本の学校もけっこういい教育しているじゃないか。こんなことなら留学させなくてもよかったかも知れないな」なんて絶対に思いたくないでしょ。だから、こういう人たちはあらゆる機会をとらえて日本の学校教育をダメにしようとする。ほんとうに。必ずそうなるんです。日本の学校教育の成否よりも、自分の予想の正しさを立証することのほうが優先するんです。だから、この人は、僕たちが出ていた会議で、学校教育のことが話題に出るたびに、「そんなことしたら日本の学校教育は破綻してしまう」というような提案（グローバル化とか）ばかりしていました。でも、たぶんご本人は自分がそんなことを無意識のうちにしているなんて、気づいていない。

白井　そういう話を聞くと、二つのことを思いますね。一つは、つまりは、植民地エリートの行動様式そのものだということです。宗主国で箔をつけて、その威信でもって植民地でデカい顔をする。そんなに自分がグローバルスタンダードに達していると思うのだったら、「世界の真ん中」で勝負すればいいのに、それはできないから植民地の中の「グローバルエリート」として振る舞う、という途轍《とてつ》もなくローカルな振る舞いをするわけです。そして、いわゆるこの間の大学改革なるものは、こういう手合いを優遇することを原則としてきた。はっきり言って、裏切りですよ。現在と未来の国民に対する裏切りだけでなく、幕末の時代から昭和に至るまで、何とかして独立国たらんとしてきた先人たちの努力に対しても、ひどい裏切りを働いている。

しかし、もう一つ思うことは、こうした振る舞いは四等国の国民にふさわしいということです。敗戦を認めないがゆえにズルズルダラダラ敗戦が続くという四等国そのものの状況が表面化するなかで、親が子どもにどういう指導をするのかとは別問題として、日本に絶望する若者が出てくるのも致し方ないと思います。若者が「自分はもうこの国に愛想が尽きました、出て行きます」と言ったならば、正直なところ「君は残らねばならない」あるいは「戻って来なければならない」と説得するだけの理路を僕は示せません。平野啓一郎氏がツイッターで、日本の現状について「次世代の絶望が想像できないのか?」とつぶやいておられたけれど、同感です。まさに「想像できない」ような人々は、次世代から見捨てられて当然なのです。

日本社会に蔓延する破滅願望

白井　以前の対談の中で、内田さんが「日本人は破滅願望を持っている」と指摘し、「日本はむしろ主体的に破滅へ向かっているのではないか」という仮説を述べておられました。確かにそうした仮説を置いてみると、辻褄が合ってくる。今や社会のいろいろな局面で、ある種のニヒリズムというか、「もうどうでもいい」というあきらめの感情が広がっていて、確かに破滅したがっているとしか思えないと感じることが増えてきました。日本人の心には非常に深い部分に、無意識化されている自己嫌悪がしみついているのかもしれないという気がしています。ニヒリズムですね。

破滅へ向かっているという事実がはっきり数字として見えているのが、たとえば少子化の進行です。今のまま出生率が下げ止まらなくて、人口構成の急激な変動が起きたら大変なことになると、みなが口を揃えて言っている。しかし、誰もまともな対策をとろうとしない。

かつそれは、新自由主義化と結びついている。東京へのさらなる一極集中は、新自由主義化のなかで進行してきましたが、人口あたりの出生率の数値を見てみると、もう東京はダントツの最下位です。一方で東京に人口が集中する傾向は相変わらず止まらない。つまり東京は、日本におけるブラックホールのような街になっているわけですね。

内田　若い人を吸い込むだけ吸い込んで、再生産しない。

白井　そうなんです。カネ・モノ・人を全部吸い込んでいく。この状況がまずいということはみんなわかっているけれども、それもやめられない。

なぜここまで少子化がひどくなるのか。成熟した資本主義国ではこういう出生率のカーブになるという傾向が世界的にあることはわかります。しかし、それにしてもあまりに極端ではないか。その原因を考えたときに、僕はこれは女性たちの無意識的な、ある種のストライキではないかという気がするんですよ。

男の子が生まれたら、それは子どものときはかわいいかもしれないけど、どうせくだらない日本のおじさんになるんでしょう、と（笑）。女の子が生まれたら、そのくだらない日本のおじさんに苦しめられる不幸な女になる。「どっちにしてもいやだよね。もうこんな国で子どもなんか産みたくない」と、心の奥底で感じているのではないか。

内田 赤ちゃんにミルクをあげながらそう思うのか（笑）。切ないですね。

白井 昨年、西部邁《すすむ》さんに会う機会があって、そのときに聞いた話なんですが、戦争が終わって少し経ったときに、西部さんのお母さんが、「日本の男はだらしがない」と愚痴をこぼしていたというんです。「一度アメリカにコテンパンにやられたからって、もうしょげかえっちゃって。一度負けたぐらいでなによ。なんて情けない奴らなの」と、ボソッとつぶやいていたそうです。西部さんが、その話をもう亡くなった奥さんにしたら、西部さんの奥さんのお母さんも、まったく同じことを娘に向かって言っていたそうです。

日本女性というのは、実は日本男性に対して、深い絶望を持っているんじゃないか。一度負けて、産み育てた若者たちが大勢死んでしまった。それでも、「また戦うんだ」というのであれば、「いいよ、かまわない。またお腹を痛めて、いくらでも産んであげる」という話になるんでしょう。ところが負けて凹んでしまって、こんな情けない有様とは、何事かと。「もうこんな奴らの子は産んでやらない」という気持ちがあるんじゃないか。

対米従属際限なしの、いわば情けない日本男児の代表のような安倍首相が総理大臣をやり続けて、少子化が止まらないというのは、これは見事に辻褄の合う話ではないか。

内田 いやあ、暴論だな。でも、説得力がある（笑）。僕は「日本人の破滅願望」とは言ったけれども、それは単純な破滅願望とは少し違うと思っているんです。日本人の場合、「これ以上この方向に行くと大変なことになるから、ここでちょっと方向修正しませんか」ということが苦手なんですよ。途中での路線変更ということができないんですよ。「大変なこと」が起きるまでは路線の修正ができない。でも、それが起きると多少は路線修正する。だから、早く「大変なこと」が起きるように、システムをますます劣化させてゆく。

武術家の光岡英稔《ひでとし》さんとの対談『生存教室』でもその話をしてますけれど、幕末の江戸人たち、江戸時代最後期の日本人たちは、「江戸スキーム」を非常に強く憎んでいたんじゃないかと思うんです。

武道のことで言うと、明治維新の後に、それまで続いた古流の武道流派のほとんどが消滅するんですよ。古いものは鎌倉時代から途切れることなく続いていた武道の古流派が、わずか数年間で日本から消えてしまう。山田次朗吉《じろきち》の『日本剣道史』（再建社）などの武道史の公式な解釈によれば、「兵装が近代化して、もう刀だの槍だのを操る時代は終わってしまった。時代の要請がなくなったことによって、日本の武道は廃れた」ということになっている。でも、それは説得力ないと思うんです。実際には、戦国末期にはもう戦争では火器が主力になっていたし、江戸時代は戦争がなかった時代ですから、刀や槍による殺傷技術の習得に対する「時代のニーズ」なんかもともとなかった。

白井　確かにそうですね。

内田　それは現代も同じです。僕は合気道を修行してますけれど、それは別に人を投げたり、腕を極めたりする技術を身に付けるためにやっているわけじゃない。そんな実用性を発揮する機会なんかほとんどないですし、一生に一度もないほうがいいに決まってる。居合や杖術も稽古してますけれど、まさか街を歩いているときに暴漢に襲われ、少しも慌てず腰間から研ぎ澄ました三尺の愛刀をすらりと抜き出して、相手を斬り倒す……なんて状況に遭遇するはずないんです。遭遇したくもないし。

だから、江戸から明治になろうと、昭和から平成になろうと、武道の実用性をめぐる状況はたいして変わっていない。でも、明治維新の時には、六〇〇もの流派が短期間に消えてしまった。そこには「もう必要性がなくなったから」ということとは別な理由があったのではないかと思うんです。そこで、僕は古流武道の継承者たちが「伝統を受け継ぐことにうんざりしていた」んじゃないかという仮説を吟味しているんです。

「父祖伝来の家伝である。だから、どんなことがあっても絶やしてはならない」と親たちからがみがみ言われ続けてきた武術家たちが、明治になって、「もうそういうものは止めてよろしい。止めたほうがよろしい」と政府からアナウンスされた。それで「やれやれ」と肩の重荷を投げ出したという側面があるんじゃないですか。だって、家伝の武道をほんとうにたいせつに思っていたら、誰が何と言おうと継承したでしょう。別に政府の公認がなければ修行できない、教授できないというものじゃないんですから。プライベートにやる気ならいくらでもできた。

嘉納治五郎先生が柔術を学びたいと思ったのは、一八歳のとき、明治一〇年です。まだ維新後わずか一〇年しか経っていない。けれども、嘉納少年が東京中を探し歩いたときに、すでに柔術の道場がほとんどなくなっていた。ようやく骨接ぎをしていた八木貞之助という人を探し当てたけれど、この人はもう教えていないと言う。天神真揚流《てんじんしんようりゅう》同門の福田八之助という人を紹介してもらってそこに入門する。そこもお弟子さんが二人しかいなくて、自宅の八畳一間で稽古していた。

数百年続いた伝統が一夜にして消えるという日本社会の急転換というのは、これはかなり日本的なんじゃないかという気がするんです。もうこのシステムじゃ保たないよなと思いながら、ずるずると江戸時代の後のほうの一〇〇年くらいやってきて、上から下まで、幕臣から武術家まで、みんな「江戸スキーム」にうんざりして、「早く潰れて、違う仕組みに変わればいいのに」とひそかに思っていて、早く潰すために、無意識的にシステムの劣化に加担した……。そういうことがあったんじゃないか、と。だって、幕末の幕臣たちの幕府批判て、すごいですから。勝海舟も福沢諭吉も幕臣で、末期には幕政の中心にいたわけですけれど、「幕府は腐っている」って吐き捨てるように書いてます。よほどひどいことになっていたんじゃないですか。

白井 本当はみんな、やめたくてしょうがなかった。しかしそれを誰も言い出せない。お上から「もう要らない」と言われて、ホッとしたというわけなんですね。

内田 似たような話は他にもあります。岡山県の津山に行ったとき、そこに津山城の城址があって、立派な石垣が残っていたんです。地元の人に、「立派なもんですねえ。これ、お城はどうなったんですか?」と聞いたら、「これは空襲じゃなくて、明治維新のあとに壊してしまったんです」と言うんです。「それはもったいないことをしましたね。戊辰戦争のときですか」と聞いたら、「そうじゃなくて、明治政府に対する恭順の意を示すために、自分たちでお城を壊したんです」という話でした。

これにはちょっと驚きました。調べてみたら、たしかに明治初年に廃城令という指令が出て、陸軍の軍事施設として使われることになった城の他は、国有資産として大蔵省が接収して、全部壊すということに決まったんです。ただ姫路城のように、地元で反対運動があったところは壊してないんですよ。「こんなきれいなものを壊さないでくれ」と頼んだところは「じゃあ、残しましょうか」ということになっていた。でも、津山藩の人たちは、「廃城令で大蔵省の管轄になりました。城は壊します」と言われたときにとくに反対運動もせずに、城を全部壊してしまった。姫路城と同じぐらい立派な城だったそうです。

でも、僕はこの話に納得できないんです。何百年も建っていた、「お国」のランドマークじゃないですか。城下の人たちが朝な夕なに見上げていたはずのお城でしょう。それを政令一つで「壊せ」と言われたら、ふつう「ふざけたことを言うな」ってなると思う。でも、住民が烈しい反対運動を展開したが、明治政府の恫喝《どうかつ》に屈したというような話じゃなかった。人々はたいして惜しがらずに、廃城に同意した。そういう話が地元では言い伝えられている。それを聴くと、幕藩体制末期には、もう「江戸スキーム」の隅から隅まで、上から下まで、武術からお城まで、「もう見るのもうんざり」という気分が横溢していたんじゃないですかね。

これは興福寺の多川俊映《しゅんえい》貫首からうかがったんですけれど、明治の廃仏毀釈のときに、興福寺の仏像も仏具も経典もぜんぶ焼かれるというときに、五重塔を買った人がいた。五重塔を燃やして、焼け残った金属だけ回収して金にしようとしたんだそうです。すると、地元の人が「止めてくれ」と言ってきた。その理由というのが、「私たちがたいせつにしている五重塔を焼くなんて、仏罰が当たります」とかそういうことではなくて、「塔を焼くのはぜんぜん構わないけれど、まわりに延焼したら危ないから止めてくれ」ということだった。

興福寺は久しく信仰の対象だったはずなのに、それが明治政府の発令した思いつき的な廃仏毀釈令で一夜にして崇敬の対象でなくなった。僕はこの廃仏毀釈という政治的事件そのものもすごく不気味なんです。だって、神仏習合って、一三〇〇年も続いてきたわけじゃないですか。それを政策的な理由で「分離する」って言われて、当時の日本人たちは多くの土地で「はいどうぞ、ご勝手に」というなげやりな対応をしたわけですよね。おかしいと思うんです。武術もお城も五重塔も廃仏毀釈も、江戸の人たちにとって血肉と化していたはずの「たいせつなもの」でしょう。それが瓦解するのをぼんやり見ていた。

僕はこれを「江戸スキームからの脱却」というふうに見立てることが出来るんじゃない

かと思っています。同じように「明治スキームからの脱却」として先の戦争があり、そして今「戦後レジームからの脱却」としての安倍政治がある。構造的には同型のものが反復しているような気がしてならないのです。

白井　なるほど。先の大戦の終わり方も同型ですよね。「聖戦完遂」とか「一億火の玉」とか勇ましいことを口先では言っていたけれど、本当はみんなウンザリしていた。八月一五日の後にも独自に戦争を続けようという人はまったく現れないのがその証拠ですね。だから、坂口安吾が『続堕落論』のなかで、「嘘をつけ！　嘘をつけ！　嘘をつけ！」とその自己欺瞞の深さを糾弾するわけです。玉音放送の「堪え難きを耐え、忍び難きを忍び」とは、文面では「いま戦闘を止めて矛を収めるなどということは、勇猛で献身的な汝ら臣民にとっては耐え難いことであろうが、どうにか我慢してくれ」という意味ですね。安吾は、「これを聞いて皆ホッとした、つまりもう戦争継続なんてウンザリだと思っていたくせに」という意味のことを書いています。

原発再開が象徴するもの

白井　福島の原発は、放射能をぶち撒けるというかたちで国土を傷つけた。これは福島地方の人間だけではなく大地に対する罪でもあるはずです。ところが右派、右翼の主流派の人たちはそういう痛みをまったく感じないらしい。だからこそ平気で「原発は続けるんだ」と言えるんです。保守、保守と口では言うけれども、この人たちは守るべきものが何もないんだということですよ。そういう感覚をどういう言葉で呼んだらいいのでしょうか。僕はやはり一種のニヒリズムなのかと思うんです。

復興大臣になった高木毅のお父さんは敦賀市長だった高木孝一で、まさに原発を誘致した張本人なんです。その人が講演で話した言葉が、内橋克人さんの『日本の原発、どこで間違えたのか』（朝日新聞出版）という本の中に収録されています。新たに原発を誘致したいという人たちから石川県の志賀町に呼ばれて、「原発が来ると、たなぼた式に大変なカネが入るよ」ということを得々と話すわけですね。そして最後に「一〇〇年たってかたわが生まれてくるやら、五〇年後に生まれてくる子どもが全部かたわになるやらわかりませんけれども、原発をおやりになったほうがいいと思います」と言って、満場の拍手で終わるという、すごい講演なんです。

この「かたわ発言」というのは有名ですけれども、それに至る前段でも、この人は地元のいろいろなエピソードを紹介しています。たとえば、敦賀の原発が放射能漏れ事故を起こした。で、養殖しているワカメから放射能が検出されて、出荷停止になったことがあった。すると原電から補償金が入る。そうなると働かずにお金がもらえるわけです。そこで「今や敦賀の漁民たちは、こういうことが年に一回ぐらいあればいいのにと、みんな思っている」と言っているんです。

おそらくこういう感覚がニヒリズムではないかと思います。ニヒリズムとはなんぞやということがニーチェを読んでもよくわからなくても、内橋さんのこの本を読めば、その本質がよくわかる。漁民たちは先祖伝来で続けてきた生業に対して、実はなんの価値も感じていない。それよりも楽してカネが入ってくるほうがずっといい。そういう感覚が話す側にも聞く側にも当たり前のことになっているので、話し手は得々とそういう話をし、そのたびに会場からは拍手と笑い声があがるという状態になるわけです。

原発問題にしても、福島であれだけの事故が起きたにもかかわらず、福井にしろ、鹿児島にしろ、地元は「早く動かしてくれ」という声が圧倒的に大きい。内田さんは福島の生業訴訟で講演されましたよね。僕もやったんですけれども、いかがでしたか。

内田　いつものようなことを話して、みなさんニコニコ笑って聴いてくれましたけれども。白井さんは、何か感じられたことがありましたか?

白井　僕はいわゆる「永続敗戦レジーム」の話をしたんです。第二次大戦をやったときの国家体制と、今の日本国家の体制は仕組みが基本的に同じであって、戦後民主主義改革によって変わったと言われているけれども、実は背骨のところは変わっていない。あの戦争のときに、国家は国民をどのように扱ったか、結局はあなたがたに対しても、当時と同じ扱いをするだろうし、現にしているでしょう、と。

僕はあの訴訟は非常に重要で、意義があると思って応援をしているわけです。なぜなら、生業訴訟は、単に賠償を取るということを目標にしているのではなく、「筋を通すこと」、具体的には「原状回復」を求めているからです。少し技術的な話になりますが、原子力事故が起こった場合、原則的に、通称原賠法（原子力損害の賠償に関する法律）の仕組みに従って賠償などの事後処理がされることになります。この法律は、運営責任者の過失の程度を問わずに被害者救済を行なうと定めており、一見被害者に寄り添っているかに見える法律なのですが、それは見掛けです。この法律は、原発推進とワンセットのものであって、条文の冒頭付近に「原子力事業の健全な発達に資することを目的とする」とはっきり書いてあります。つまり、この法律の趣旨は、簡単に言うと、「事故が起きて被害が出たときには、四の五の言わずにカネは払うので、原子力推進の方針は何も変わりません」というものなのです。ですから、この法に基づいて訴訟を起こして勝利を収めても、金銭的救済は期待できても、国策としての原子力推進には何ら影響を及ぼすことはできない、ということなのです。なので、生業訴訟は原賠法に則らずに、国と東京電力の責任を追及しています。原告団は四〇〇〇人を越えており、福島第一原発事故に関する訴訟では最大規模のものとなっています。

ただ、四〇〇〇人という数を多いと見るかは微妙な問題です。福島県全体では約二〇〇万の人口があるわけですから。原告団としては福島県民をもっと増やしていこうと活動しています。ただ、福島県全体としてあの事故の責任追及をやって筋を通させる姿勢が出てきているかというと、なかなかこれが難しい現状がある。原告団の団長である中島孝さんともお話をしましたが、「国の復興プログラムに乗っていくしかないだろう。反対していてどうする」というのが福島県民のマジョリティの心情であると。中島さんは「こういうことで筋を通そうとしないのだとすれば、本当に恥ずかしい県民だ」と嘆いてらっしゃいました。

内田 原発の再稼働を地元の人が支持しているということは、ニヒリズムという言葉が適当かどうかはわからないけれども、原発により先祖伝来の生活形態が壊されていくことに関して人々が強い心理的抵抗を感じなかった、むしろそれがなくなることをひそかに歓迎したということがあったように感じます。単純にお金が入るからうれしいということでは済まされないような気がする。原発が誘致されたことによって、これまで先人から伝えられた生き方を捨てる大義名分ができたことを内心では喜んでいたのではないかと思います。これは別にオレが自分の判断で止めるんじゃなくて、お上が止めろというから、しかたなく止めるんだ、と。

白井 「国が、『これはとても大事なことなんだ』と後押ししてくれたから」と。

内田 だって、そうじゃないと、漁業が出来なくなって、海草が汚染されて出荷停止になって喜ぶなんて虚無的な対応ができるはずがないですよ。やはり心のどこかには生業に対する屈折した憎しみがあるんだと思う。こんな海汚れちまえばいい、こんな魚食えなくなればいい、という毒のある気持ちがなければ、目先の金のことだけで、そうそう簡単に先祖伝来の生業や自然環境を捨てる決断はできないと思います。

前に藻谷浩介さんと話したときにも、不思議な話を聞きました。藻谷さんは日本のあちこちに招かれて、地域の振興策について助言をしているんですが、そのときに新しいアイディアを出すと、何かと横やりを入れて、妨害してくる人がいる。若い人たちが「こういうことをしたらどうか」と提案すると、そのたびに「そんなことできるはずがない」と言って冷水を浴びせかける。そのいちゃもんをつけてくる人というのがなぜか大抵が老舗《しにせ》旅館とか料亭とかの何代目かなんだそうです。

ある街で、そうやって新しい地域振興策をことごとく蹴って何もしなかったせいで、地元がさびれきって、結局はその人の老舗の旅館も潰れてしまった。そして、その人は別の旅館の従業員になったんだそうです。ところが、その後に藻谷さんが会ったら、その人の顔が明るいんだそうです。肩の荷が下りたからなんだろうと言ってました。彼は本当は老舗の旅館なんか継ぎたくなかったんですよ。でも、立場上「いやだ」とは言えない。ところが、継いだ旅館は歴史的な環境の変化という不可抗力によって潰れてしまった。自分には責任がない。彼自身がそういう解決策を無意識のうちに望んでいた。でも、誰かの思いついた地域振興策がうっかりうまくいってしまうと、まだ老舗を続けなければいけない。だから、それを妨害する。早く潰したい、でも自分の手では潰せない。だから、「時代のせい」にする。

無意識な生業の破壊願望というのはたしかに存在すると思います。自らの父祖伝来の生業や、自分が継承しなければいけない技芸や伝統については、表面的には「何があっても守らなければいけない」と言い張っているけれど、義務感が強ければ強いほど裏面には「こんなものなくなってしまえばいい」と毒のある欲望がわだかまっている。だから、何かよそから大義名分が与えられると、ほとんど喜々として捨ててしまう。でも、自分自身にはそれを喜んでいるという自覚はない。

幕末のときに、日本には三百諸侯がいたわけですけれど、版籍奉還のあと、「私はこのまま先祖伝来の領地にとどまり、草の根を囓《かじ》ってでも、領民と苦楽を共にします」なんて殊勝なことを言った藩主はたぶん一人もいません。藩主たちはぞろぞろと「お国」を捨てて、東京に出ていった。そして、華族に列されて、純粋な消費生活を享楽した。戦国時代から、先祖が命がけで守ってきた伝来の領地を捨て、城を捨て、領民を捨て、都会での消費生活に流れ込んでいった。この抵抗のなさにはもう少し驚いていいと思うんです。

白井 それまでの自分たちの生活というものを、実は全然愛していなかったということですね。

内田 そうなんですよ。どんなものでも、安定したレジームが長く続くと、どこかで「もう、いいよ」という膨満感が蔓延してきて、破壊願望が国民的規模で亢進する。日本社会における一番ニヒリスティックな要素って、そこじゃないですか。世界の他の国でどうなのかはわかりませんが、これはどうも日本人固有の性格のような気がする。地震があり、台風が来て、津波が来て、火山が噴火する……この苛烈で不安定な自然環境に適応しているうちに、一定期間システムが安定していると「うんざりしてくる」という心性が兆してくるということはないんでしょうかね。全部捨てて、全部壊したくなる。そういう破滅願望があれば、たとえ破局的な事態に遭遇しても、呆然自失というようなことにはならない。「いっそ、さばさばした」というような前向きの気分に切り替えられるのかも知れない。

明治維新だけではなく、先の敗戦にも、僕はそれを感じるんです。敗戦直後の日本の、特に東京の雰囲気って、どんなニュース映像見ても、奇妙に明るいじゃないですか。「リンゴの唄」がかかっていて、闇市に集まった人たちはぎらぎらと異常に活気づいている。

坂口安吾は空襲のさなかも東京に踏みとどまるんですけれど、そのときの気持ちについて、のちに『堕落論』でこう書いている。「予想し得ぬ新世界への不思議な再生。その好奇心は私の一生の最も新鮮なものであり、その奇怪な鮮度に対する代償としても東京にとどまることを賭ける必要があるという奇妙な呪文に憑《つ》かれていた」。

この「奇怪な鮮度」という言葉、変でしょう。それどころか、敗戦後の東京の人々を叙してこう書いている。「爆撃直後の罹災者達の行進は虚脱や放心と種類の違った驚くべき充満と重量をもつ無心であり、素直な運命の子供であった。笑っているのは常に十五六、十六七の娘達であった。彼女達の笑顔は爽《さわ》やかだった。焼跡をほじくりかえして焼けたバケツへ掘りだした瀬戸物を入れていたり、わずかばかりの荷物の張番をして路上に日向ぼっこをしていたり、（中略）私は焼野原に娘達の笑顔を探すのがたのしみであった。」

自分たちの生活基盤が徹底的に破壊されたときになぜか「爽やかな笑顔」をする少女たちや、「私は偉大な破壊を愛していた」と言い切る作家の「明るいニヒリズム」とでも言うべきものがどういう心理的な経路をたどって形成されるものなのか、僕はもう少し検証してみたほうがいいと思うんです。

日本人の自己嫌悪とニヒリズム

白井　生業を愛していないという点では、大学も同じですね。わけのわからない大学改革が罷《まか》り通ってきたのも、当事者が生業を愛していないからこそでしょう。

内田　そうですよ、変ですよ。愛があったら、あんな改革できませんよ。みんな勘違いしていますけれど、既存の大学の仕組みに対して、「この辺はなかなかいいなあ」とか、「こういう大学の校風や伝統は守っていかなければいけない」なんて思っている人間は圧倒的なマイノリティなんですよ。ほとんどの人間は何か大義名分があって、大学のシステムを壊してもいいという話になると、喜々として壊すんです。学部学科の改組でも、教育プログラムの改定でも、異常な熱意を以て取り組む。それだけのエネルギーがあれば、古いスキームの使い回しに工夫を凝らせば、いくらでも研究教育活動ができると思うんだけれど、それよりもあるものを壊すことのほうが楽しいらしい。

白井　「なんとかかんとかの時代だから」と、わけのわからないことを言ってね。でも「そのなんとかかんとかって何？」と訊かれると、答えられない（笑）。

内田　「これからはなんとかかんとかですから」と言われると、みんな、その「なんとかかんとか」の中身を吟味もしないで、腰を浮かしてしまう。伝統的なものを守ってゆくということを日本のマジョリティは徹底的に嫌いらしいですね。だから、「伝統的なものを守れ」ということを言う人たちは黙って静かに伝統的なものを守るんじゃなくて、「伝統的なものを守ることを妨げている制度や思想」を名指しして、それを「破壊」する運動に血道を上げているでしょう。僕自身は武道と能楽を稽古していますけれど、僕の知る限り、伝統的な技芸の稽古を真剣にやっている人の中に今の極右の連中が旗振ってる「伝統的なものを守れ」というファナティックな運動にコミットしている人なんかひとりもいないですよ。あの連中は守るのが嫌いで、壊すのが好きなんですよ。

白井　自らの生業や日常生活を実は愛していないというのは、まさに不幸な状態ですね。だったらそんな不幸な状態を我慢せずに打破すればいいのですが、日本では不幸な状態に甘んじること、それに耐えることが美徳だとされている。さらに悪いことには、不幸を我慢するのが大好きだという人は勝手に何時《いつ》までもそうしてればいいのですが、その人たちはやっかむのです。自分たちが我慢している不幸にさらされていない人をやっかむ気持ちが湧いてくる。「残業しないなんておかしい」とか、「通勤地獄を味わってないなんて一人前ではない」とか、冗談半分で口にする人を見かけますが、本気でやめたほうがいいと思う。つまり、自らが置かれている不幸な状態に対して当然不満はあるから、日常生活をちっとも愛していないのだけど、不幸を甘受するのが美徳だとされているためにそれに対して文句が言えず、変えることもできない。だから、外的な理由で状況が変化するとなると、抑圧されていた不満が表面化してきて破壊衝動が現れてくる、そんな整理になるでしょうか。

こういったニヒリズムが物理的に表れているのが、街並みですよね。これほど美しくない国土があろうかというぐらい、ひどくなるばかりです。

内田　世界的に見ても、日本の街並みは最低レベルですね。それは自分の町に対する愛がないということを認めないと、説明できないと思う。愛があったら、こんな非道なことはしませんよ。よく、「目先の経済合理性を求めて昔のものを壊してしまう」という言い方をしますけれども、それは嘘だと僕は思う。だって僕はあれに全然経済合理性なんか感じないから。あの破壊はもっと非合理的で、もっと暗い情念に駆られたものでしょう。だって、経済合理性を追求しながら、美しい街並みを維持することは少しも難しい話じゃないし、長期的に見れば、街並みが美しい都市を残すほうがはるかに経済合理性にはかなっている。だから、経済合理性うんぬんなんていうのは、その場をつくろうための言い逃れなんですよ。本当の目的は「街を汚くすること」なんです。京都タワー見て、悪意以外の何を感じます？

白井 確かに、そうですね。

内田 あれは明らかに悪意の産物ですよね。でも、あれが建ったということは、「やろう」と言い出した人がいて、「それ、いいね」と言って支持した人たちが少なからずいたということです。明らかに京都の景観が破壊されることが分かった上で、「経済合理性にはかなっている」とか「法律的には規制できない」というような理屈を考え出してゴーサインを出した人たちがいた。それも京都の政財官界の上層にいた。

白井 アレックス・カーさんが、「日本人は自分たちは伝統と自然を愛する民族だと言っているけれど、本当はまったく愛していないですよね、それは街並みを見ればわかる」という趣旨のことを書いておられますが、そのとおりだと認めざるを得ません。日本をよく知った外国の方にこう言われるとなかなか厳しいです。「われわれは何かを失ってしまった、それが日本近代の悲劇と苦悩なのだ」という日本の知識人の嘆き節ではなくて、外からの視線で「あなた方には、もう何もないよね」と言われると、これはつらいものがある。こんな状態だからこそ、伝統とか自然に対する愛着とかいった「日本人の本来的心情」を強調する動きは、フェイクかつインスタントで、無駄にファナティックなものになる。

内田　今の神社本庁にしても、ファナティックな政治的な活動に肩入れしているのは、日本国民の神社に対する自然な崇敬の念を損なうだけです。だって、自民党議員のポスターなんかをそこらじゅうに貼るのは、自民党支持者以外の参拝客を不愉快にさせる効果しかないでしょう。

白井　日本会議と癒着している神社は、本当に度し難いです。彼らは、国家神道への加担の過去を何の総括も反省もしていない上に、またもやフェイクな国家主義イデオロギーを担いでいるわけです。彼らの「昔懐かし」の本質は、イデオロギーの面と、もうひとつはカネですね。「あの頃はよかったなぁ、国がスポンサーだったから懐具合を心配しなくてよかった」というわけです。今京都では下鴨神社が敷地内に高層マンションを建てようとしていて、反対運動が起きるなど、話題になっています。それだけ神社はカネに困っているということですが、僕はまったく同情する気になれません。神社を仕切っている連中がこんなあり方をしている限り、カネが集まらないのは自業自得です。しかし他方で、マンション建設によって貴重な自然が破壊されるのも確かです。つまり、神社の世界は、国家への誤った寄生をし、その過去を直視できないために、日本人の固有の信仰に対して害をなしつつあるということです。住んでいるところの土地柄、よく神社には散歩に行くのですが、櫻井よしこのポスターなんかが貼り出してあって実に不愉快です。

内田　あれこそ自虐だと思うけど。

白井　実は日本人の多くが深い自己嫌悪とニヒリズムに陥っていて、自分たちの今のあり方が嫌いで嫌いでしょうがない。守るに値しないと思っている。「どうでもええやん」と感じている。

内田　政権そのものがそうですね。安倍晋三は自分を二度までも総理大臣のポストに提供してくれた政治体制を「戦後レジーム」と称して、それをあしざまに罵っている。これ、おかしいですよね。彼がどれほど努力しても浮かび上がれなかったという理由で既存のシステムを罵倒するならわかるけれど、「位人臣極める」ポストに二度までも自分を置いてくれたシステムを罵倒しているんですよ。

「美しい国へ」と言っているのだって奇妙ですよ。「美しい国へ」と言う以上、「今の日本は醜い」ということでしょう。醜いから、壊してゼロから作り直そうと言っている。そして、この点では安倍政権への賛否にかかわらず、ほとんどの国民が意思一致している。安倍政権の支持者たちは「今の醜い日本を破壊しろ」と言っている。安倍政権に反対する人たちは「安倍支配下の醜い日本を破壊しろ」と言っているわけで、どちらも「現代日本はダメだ」という評価においては一致している。

結局、すべての人が、今のシステムの受益者も、システムでさっぱりいい思いをしてこなかった人も、政権の支持者も、反対者も、「今あるものを壊す」ということについては、意見が一致している。「今のシステムをぶっ壊す」と言ったときに、「今のシステム」が何を指しているかという点についての解釈は、完全に恣意的なんですね。みんながそれぞれ自分の好きに「今のシステム」という言葉の内容を決定してよろしいということになっている。だから、現役の大阪市長が「こんな大阪でいいんですか!」と言っても誰も不思議に思わない。それぞれの頭の中で勝手にその言葉を「自分がよくないとおもっている大阪の姿」に変換して『あれ』はなんとかせないかん」と頷いている。でも「あれ」が何を指すのかについては、どこにも合意があるわけじゃない。

今の日本を蝕んでいるのは、この日本的ニヒリズムだと思います。これに対抗するためには、論理的にはアンチ・ニヒリズムの立場を採るしかない。その点で、SEALDsの登場はとてもエポックメイキングだったと思います。彼らは何かを「壊せ」と言っているわけじゃない。むしろ「壊すのを止めろ」と言っているんですから。国会内では、与党議員たちが体制の根本的変革を急げと言っていたのに対して、国会外では、若者たちが「ちょっと待って。もうちょっと話し合いましょう」と言っていた。これは近代日本政治史においてははじめての出来事じゃないですか。国会内では老人たちが「現状を破壊して、戦争ができる国へ日本を変えよう」と現状否定を目指しており、国会外では若者たちが「立憲デモクラシーを守れ」「憲法を護れ」「三権分立を守れ」「日本を変えるな」と現状肯定を訴えている。

白井　なるほど、「とりあえず現状維持しましょう」と。

内田　「とりあえず現状維持でいかがでしょうか」という主張が、国論を二分する政治的運動になったというのは、よく考えると、信じがたい出来事ですよね。

白井　先に挙げた廣瀬純さん編著の『資本の専制、奴隷の叛逆』で、スペインの運動家が、同国で起ったオキュパイ運動は「左翼の終焉を印した」と述べています。日本の場合ではひとまず「立憲主義を守る」ということが初発的なイシューになったわけですが、世界の大衆運動は、「自分たちの身を守る」という生活圏の防衛闘争として展開されている点に共通項があります。急激にか緩慢にかは何とも言えませんが、「小さなことを守るにも大きな変化が必要なのだ」という認識に至るというのが望むべき展開ではないかと思います。

内田 微調整しながら、マイナーチェンジしながら、使えるところを残して、使えないところを取り換えてゆくという〝ピースミール〟な補正作業が実は一番手間がかかるし、知恵が要るんです。その手間を惜しみ、知恵を惜しむ人たちが「壊せ」と言う。

第5章

劣化する日本への処方箋

社会の土台は倫理である

白井　政権批判をしていて歯痒いことの一つは、現実に政権に就いているのが、「言っていることが矛盾だらけじゃないか」といくら指摘してもまるで気にしないような人たちだということですね。我々も反知性主義批判の本を作ったりしましたが、「いったいこれで対象を撃てるんだろうか」というような、少しもどかしい感じがあったと思います。

内田　確かにそうですね。よく刑事ドラマで、容疑者が、取り調べの刑事にそれまで主張していたアリバイが崩されたり、供述の矛盾を突かれたりすると、ガタガタッと崩れ落ちて、「すみません。私が犯人です」と告白するシーンがありますよね。昔、友だちの検察官が「あんなことは実際にはあり得ない」と言っていました。供述の矛盾を突かれて落ちたりするのは、知識人だけなんだそうです。「ウチダみたいなやつは、供述のちょっとした矛盾を突いたくらいで、すぐ落ちるんだ」って（笑）。自分の言っていることには首尾一貫性があり、論理性が維持できているということが知識人のアイデンティティーの基礎にはあります。だから、他人に論理的破綻を指摘されると、アイデンティティーが崩れる。その場しのぎの嘘に嘘を重ねて、支離滅裂なことを言い出すよりは、「おっしゃるとおり、私がやりました」と自供したほうが、知識人としてのプライドは傷つかないで済む。

でも、そんなことをするのは自分のことを知性的な人間だとうぬぼれている人間だけなんです（笑）。別に、知的であることに価値を認めていない人間は、供述の前後の矛盾なんか指摘されても、痛くも痒くもない。ヤクザなんかは「おまえ昨日こう言っていただろ。今日はこう言って、前後噛み合わないじゃないか」と取り調べでいくら突っ込んでも「あ、そうでした。じゃあ、昨日のはナシにしておいてください。今日のほうが本当の話です」と言ってけろっとしている。供述の矛盾くらいでは有罪を立証できないことを知っているんです。

安倍さんや橋下さんを見ると、そのときの検察官の話を思い出します。「この間はこう言ってたじゃないですか」と追及しても、「あのときと今では状況がまったく違う」で気にせずスルーしてますから。言うことがどんどん変遷しても、食言を恥じる気持ちがない。

白井　「矛盾はしておりません」と言って、終わりですよね。

内田　あれはまさにヤクザの論法なんです。「あのときと今では状況が違う」と言えばどんな食言も違約も言い逃れられると知っている。知識人であることを放棄した人間は強いです。知識人はその点が弱い。

白井　「矛盾じゃないか」と攻められて、「ああ、確かに」と崩れ落ちると（笑）。確かに『刑事コロンボ』では、殺人を犯すのは金持ちや知識人ばかりでしたね。

内田　『古畑任三郎』も同じ作りですね。あの手のドラマでは大抵犯人は上流の人たち、高学歴の人たちなんです。資産家とか芸術家とか大学教授とか。だから、探偵が見出したたった一つの供述の矛盾の指摘で、「参りました」となる。でも、実際に刑事事件を起こすような人は、検察官から知的に見られたいというような無意味な望みは持っていない。

白井　金持ち喧嘩せずで、お金持ちが人殺しなどするのは稀だと。

内田　反知性主義というのは、ある意味で、一種の生存戦略でもあるわけですね。今の日本政治の世界では、愚鈍化したほうが強い。発言に論理性がないとか、エビデンスがないとか、首尾一貫性がないとかいうことは、政治の世界で勝ち残ることとは全然関係がないんだということに気がついたわけですよ。

白井　矛盾を突かれて困ると、「マスコミが変な報道をしたからだ」と逆ギレしたりしていますね。

内田 言いたい放題ですよね。あれは多くの政治家に勇気を与えたと思います。「そうか、あれでよかったのか」と。それまで言っていたことと正反対のことを言っても、それが通る。「私はＴＰＰに反対です」「ＴＰＰに反対などということを私は一度も口にしたことがない」というような完全な食言でも、メディアは咎《とが》めないし、支持率も下がらない。それを学習したわけですから、そりゃ、みんな模倣しますよ。こうして考えてくると、我々がロジックと呼んでいるものが有効なのは、自分の言葉に対する個人的な責任感や、知的誠実さというモラルに依拠しているんだとわかります。

白井 本当にそうですね。ロジックはモラルの上に載って初めて機能するもので、ロジックを支える土台となるべきモラルが崩れてしまえば、ロジックも吹き飛んでしまう。今はその流れで世の中が動いていて、呆れ返るような無責任発言を続けている人間が政治を主導している。

この状況を変えるとしたら、モラルから立て直さないと、ロジックだけ立て直そうとしても無理でしょう。となると、いったいどこから手をつけたらいいのか。

内田 倫理というのは集団的で生きるための理法のことですから。「殺すな」とか、「盗むな」とか、「姦淫するな」といった、人間が集団をつくって生きていくために、どうしても必要な最低限のルールが倫理なわけです。社会の規律のすべてはそこから始まっている。

公人とは、公務にある期間だけは、私利私欲の追求を自己抑制して、公共の利益を自己利益に優先させている〝ように見える〟ようにふるまわなければならない。昔から、そう決まっているんです。「瓜田《かでん》に履《くつ》を納《い》れず　李下《りか》に冠を正さず」というのは、公人のふるまいについての規範です。李《スモモ》の木の下では、たとえ冠の紐が緩んでも、直してはいけない。瓜の田では履が脱げても、屈んではいけない、と。それは公人には「推定有罪」という一般市民とは違うルールが課されているからです。だから、たとえ「自分がしたくないこと」でも、「公人としてはしなければいけないこと」なら、しなければならない。「自分が言いたくないこと」でも、「公人としては言わなければならないこと」は言わなければならない。

橋下さんはそういう公人の規範をみごとに破壊してみせましたね。立場上、身を律し、「きれいごと」を言わなければいけない公務員、教員、弁護士といった人たちを集中攻撃した。あいつら、口では「きれいごと」を言ってるけど、本当は色と欲で動いていると化けの皮を剝ぐことに熱中してきた。そして、現に自分自身では、李下で冠を直し、瓜田で屈み込んでみせたけれど、それでも全く支持率が下がらないということを実証してみせた。

白井　あらゆる商業活動にしても、土台にはやはり倫理がありますね。前に「今の日本では価値の一元化が進んで、精密な交換レートが要求されるようになっている」という話が出ましたが、僕は交換という行為にも、狭義の交換と広義の交換があると考えています。そして広義の交換については、レートなど存在しないんです。

狭義の交換というのは、いわゆる等価交換です。「一〇〇円出したら、ぴったり一〇〇円の価値がその場で受け取れないとおかしいでしょう」という、前に出た精密査定の世界ですね。しかし社会で行われている交換は、実際にはそれだけではない。広義の交換においては、その場では必ずしも対価が得られない。一見すると一方的に与えているだけのように見える。しかし、長い目で見ると実は与えた側も、与えた価値に対する見返りを受けている。いわば贈与の交換と呼ばれる領域があります。多くの人類学者が主張するように、実はそうした交換こそが、社会を成り立たしめているのだというのはそのとおりと思います。そういう感覚というものが、現代では薄れているということなんでしょうか。傾向として、ここ一〇年、二〇年ぐらいで、急速に広義の交換が消えていっている気がします。

内田　「広義の交換」を駆動しているのは「反対給付義務」感だと思います。マルセル・モースの『贈与論』（ちくま文庫）によれば、交換は「贈与されたので、反対給付しなければならない」という負債の感覚から始まる。贈与を起動させるのは、「これを贈ってあげよう」という雅量ではないんです。「こんな贈り物をもらってしまった。もらった以上はお返しをしないと罰が当たる」という恐怖と焦燥が人を反対給付行動に駆り立てる。経済的人間というのは、要するに「人から何か受けとったときには『お返し』をしないと悪いことが起こる」という信憑を深く内面化した人間のことです。そういう人間だけが交易を始めることになる。人から何かを受けとったときに「ラッキー」と言って、懐にしまいこんで、誰にも何も与えない人たちばかりで構成された共同体では、いかなる意味でも経済活動は発生しません。

経済活動の始原的形態は沈黙交易です。共同体の周縁部で、何かを発見する。何かが「置いてある」。それを「あっ、こんなところに私宛ての贈り物がある」と思った人がいる。この人が贈与と反対給付の全工程を起動させることになります。誰か見知らぬ人から思いがけなく贈り物をもらってしまった。ありがたいことだけれど、反対給付をしないと罰が当たるので、何かお返しせねばならない。そう思って、その贈り物が置いてあった場所に、自分のたいせつにしているものを何か置いてゆく。しばらく経ってその場所に行くと、自分からの「お返し」が消えていて、何か別の「贈り物」が置いてある。ありがたくそれを頂いて、次の「お返し」を算段する。それが反復することで石器時代の経済は始まった……ともの本には書いてあります。

沈黙交易の勘所は、すべての経済活動を起動させるのは「贈り物を受け取ってしまった」という被贈与感覚だということです。そして、それは実際には誰かからの贈り物ではなかったかも知れないということです。最初に「私宛ての贈り物」だと思い込んだものは「置いてあった」わけじゃなくて、動物が運んできたものだったのかもしれないし、風で飛んできたものかもしれないし、木から落ちてきたのかもしれない。でも、それを見たときに、「これは私宛ての贈り物だ」と直感して、反対給付の義務感に身を灼かれた人がいた。この人があらゆる経済活動の起点にいる人です。

たぶん人類の経済活動の起点はこの「勘違い」だったのだと思います。道ばたのゴミを自分宛ての贈り物だと思って、「ありがとう」と感謝した被贈与感覚が過剰な人がいた。この人が経済活動を起動させた。経済というのは非情緒的で計量的なものだと信じている人が多いですけれど、すべての虚飾を剝ぎ取ったその本質は被贈与感覚というきわめて主観的なものなんです。

そういう種類の身体感覚が経済活動の基礎にある。それを指して白井さんは「広義の交換」というふうにおっしゃったんだと思います。市場に行くと、商品がある。手元にある貨幣を差し出して、自分が欲しいものを買う。それが経済活動だと信じ切っている人がいますけれど、その前段に、贈与を感じる力、反対給付の義務を感じる力がある。それなしではいかなる経済学的概念も受肉することはないんです。

白井　「確かに受け取ったよ」という感覚ですね。

内田　それは今も我々の日常生活に入っていますよね。顔を合わせて、「おはようございます」と言われたときに、そのまま返事をしないでいってしまうのは、心理的に非常に苦しい。だから、ふつうはこちらも「おはようございます」と返事をする。それをしないで済ませるためには、何か言い訳が要るわけです。「声が聞こえなかった」とか「あれは誰か他の人に向けてした挨拶だったんじゃないか」とか「あいつはこの間不愉快なことをしたから、返礼をしてやらない」とか、なんらかの自分自身に対するエクスキューズがないと、「おはようございます」という挨拶ひとつでさえ無視することができない。それほどまでに反対給付義務の感覚というのは強いんです。

白井　そしてそれが成立する上でも、倫理というものは必須であるわけですね。

身体性を回復せよ

白井 この対談の全体的なテーマとしては、「日本の社会のいろいろな領域で、劣化が急速に進行している」という事実認識がまず前提としてあって、それに対して我々なりの処方箋を提示していく、ということであったかと思います。この場合の処方箋とは、たとえば「次の参議院選挙で安倍政権にNOを突きつけましょう」とか、「改憲を阻止しましょう」という話ではないわけですね。

内田 もっと文明史的な話になってきますね。

白井 そうなんですよ。長い時間かけて劣化してきたわけですから。

内田 だから、劣化したのにかけたのと同じだけの時間をかけないと再生できない。

白井 劣化してしまったものをまた取り戻していく作業というのは、それこそ「日本を取り戻す」みたいな話になってきますね。それは一瞬でできるようなものではない。問題の本質に立ち入って、少しでも解決に寄与しなければいけない。そのとき一つ重要になってくるポイントが、「経験や体験を復権させていく」ということになるでしょうか。

内田　経験、実感、具体的なものですね。身体とか自然とか。社会的現実の第一次的な所与が具体的なものではない。幻想なんです。金融経済では、もう株の取引はアルゴリズムが行っていて、一秒に一〇〇〇回というような超高速で売り買いをしている。それによって獲得された天文学的な資産ももうモノとしては実感されることがなく、ただ光の点滅としてディスプレイに表示されるだけです。でも、それが現実だと人々は信じている。そうやって自然や具体的なものから乖離《かいり》している。今の日本の劣化は言い換えると「現実的なものからの乖離」というふうに言えるんじゃないですか。

白井　安倍さんの言う「美しい国」もまるで実感を欠いている。しかし、なんとなくそれが支持されてしまっている。「これはいったい何なんだ」ということですね。

内田　人々も自分の根を失って、グローバル化した世界、都市化した人工的な環境に暮らしている。どこにも根づかず、空中に浮遊している。この状態には政治家たち自身もそれなりの危機感を覚えていると思うんです。でも、当の政治家たち自身もやっぱり浮遊したままで、どこにも手応えのある現実がない。「ここに根を下ろせ」という言説が指示している先にあるのも、厚みのある具体物ではなくて、「伝統的な家族」とか「江戸しぐさ」とかいう薄っぺらな想像的構築物にすぎない。今政治的に提案されている「根を下ろす」ことは、あるイデオロギーから別のイデオロギーへの空中移動にすぎない。それでもとにかく「今の状態はよくない。どこかに根を下ろさなければいけない」ということだけはみんながなんとなく感じている。

でも、「根を下ろす」というのはファシズムの常套句《じょうとうく》なわけです。自分にはそこに根を下ろすことを宿命づけられた大地があり、その大地から供給される滋養によって、自分の中にある本質が賦活され、しだいに自分は「ほんとうの自分」になってゆく……という思想は、まっすぐにレイシズムと排外主義に繋がってしまう。ハイデガーの陥ったピットフォールです。

白井　二〇世紀末からの左翼思想は、徹底してそれを批判してきたわけです。『根』と言われているものも全部つくられた物語なのだ。構成されたものにすぎない」とね。いわゆる構成主義的な見解です。

ただ僕自身は、「構成主義的なものの考え方は、理屈としてはわかるけれども、どうもピンと来ない」という違和感がずっとあったんです。内田さんはいかがですか。

内田　都市に住んでいる人間に最後に残された自然は身体だと思うんです。どれほど都市化して、人工的環境を作り上げても、そこで暮らす人間が身体を持つ限り、食べ物が要るし、排泄物は出るし、放っておけば汚れてくるし、老いて、病み衰えて、いずれ死んで腐敗する。身体は都市に残った最後の自然なんです。都市の内部では、生活に要るものはほとんど調達できない。だから、鴨長明は『方丈記』に「京のならひ、なにわざにつけても、みなもとは田舎をこそたのめるに、絶えてのぼるものなければ」都人は飢えるしかないと書いています。「のぼるもの」もないけれど、同時に京都には「死体」という自然物を処理する機能がなかった。だから、人が死ぬと死体は都の外部へ、化野《あだしの》、鳥部山《とりべやま》といった自然と文明の際のエリアに捨てられた。

身体は都市が処理できない最後の自然なんです。僕が武道や能を稽古しているのは、一言で言えば、「自然との回路」としての身体を回復し、それを整備するためです。イデオロギーや幻想によっては制御できない自然としての身体を実感して、調《ととの》え、身体を自然と現実と出会うための回路としたい。都市の内部、コンクリートとガラスに閉じ込められていても、身体はそれでも昼と夜のリズムや潮汐のリズムや動植物のリズムと同期している。自然と同期しながら鼓動して、自然のリズムに合わせて呼吸している。どんなに都市化・

人工化された環境でも、身体がある限り、自然とはつながり続けることができる。

だから、僕は稽古を通じて、身体に訊ねているんです。「根はあるのか？」と。そう問うと、身体は「あるよ」と答えてくれますよ。ただ「けっこう、大変だよ」とも言ってくる。「根」というのは、観念ではないからです。もっとずっと本質的なものだから。基層には自然がある。でも、その自然過程の上に文化の層が乗っていて、この二つの層は絡み合っていて、そこが「根」の張るところなんです。

山河とか風土というものはすべて半ば自然物で、半ば人工物ですね。里山がそうですね。自然と文明の「汽水域」のようなところです。自然が押し出してきたら文明が押し戻し、文明が侵略してきたら自然が押し戻す。そういう二つの境位の拮抗する場が里山ですね。そこが代表的な「根」の場だと思います。

僕の場合は、自然と人工が拮抗する「汽水域」的な場が道場であり、能舞台なんです。自然でありかつ人工であるわけですから、その比率がむずかしい。問題はその按分《あんぶん》なんです。今の日本では、「半ば自然・半ば人工」という「いい湯加減」がなかなか達成できない。どうしても人工が過剰になる。ですから、もう少し自然の比率を上げることが必要なんです。なんだか抽象的な言い方になりましたけれど、問題は「さじ加減」なんですよ。だから「こうすればいい」という明快な処方箋は出せないんです。さじ加減だから（笑）。

白井　「こうあるべきだ」と設計主義的には処方箋が出せない。

内田　出せないんです。一人ずつ「君はこれを、君にはこっちを」という感じで、処方しなければいけない薬が違う。直感的なものなんで、マニュアル化できない。僕は、自分で道場をつくって、その仕事のための環境を手づくりして、門人一人ひとりにパーソナルな処方箋を出しているんです。

白井　それは田舎でなくても、都市部でもできるということなんですね。

内田　もちろんできます。どこでもできます。子どもを育てること、老人を介護すること、あるいは道場で身体技法を教えること、基本的にはみんな同じことなんです。どれも人間の生身の身体を扱っているわけですから。生身の身体を扱うときには、汎通的なマニュアルとか、一般解はないんです。つねにケース・バイ・ケース、臨機応変です。ただ、長くやっていると、いくつかのケースについては、「ああ、これは前に扱ったあのケースと、ちょっと似ているな」ということが、なんとなくわかってくる。

白井　なんとなく、ですか。

内田　「なんとなく」なんです。パーソナルな処方だし、一般解がないし、法則性も「なんとなく」だから、イデオロギーに対する対抗軸としては弱い。うっかりこのやり方を綱領的な言説にとりまとめてしまうと、一気にファシズムのほうに行ってしまう。ファシズムのほうに行かないで、自然とのつながりを保つ、自分を養う大地とのつながりを保つというのは、口で言うほど簡単なことじゃないんです。

白井 ブレーキをかけながら進むという感覚でしょうか。

内田 そうです。ブレーキをかけながらアクセルを踏んでいる感じですね。前には進まなきゃいけないんだけれど、行き過ぎると崖から落ちる。人間の住めるエリアというのは、決まっているんですよ。こっちに行き過ぎてもダメだし、あっちに行き過ぎてもダメ。二つのオフリミットの間に、人間が住める世界がある。けっこう広いんですけれど、ここから向こうには行っちゃダメという「オフリミットの線」は座標で言うとどこですかというような質問にははかばかしいお答えができない。「いや〜、そこを超えたらやばいって、なんとなくわかるじゃない」と言う他ない。

白井 「そこはコモンセンスだ」という感じになるのでしょうか。

内田 そうです。コモンセンス。本当にそうだと思います。「結局、常識だよ」ということですよね。常識には誰も一般性を要求しませんからね。あらゆる常識は地域限定、期間限定のものであって、古今東西万人に適用することができない。そういうテンポラリーで、ローカルな規範であるがゆえに、常識は機能している。常識は一般性を要求しない。その節度ゆえにかろうじて機能するものですから。

白井 日本人のおかしなところとして、あるいはおもしろいところなのかもしれませんが、こと政治についてとなると、常識を保てなくなるということがありますね。身体性を極限まで疎外したまま、観念論へ突っ走るということが起こりがちという気がします。かつての連合赤軍事件などは、その極限の例でした。今は反体制側ではなく、権力主流派のほうがグローバル化という観念論を奉じているわけですが。

内田 特に左翼の政治思想はすぐに観念論になりますね。身体の脆弱性や可傷性に対する正確な評価は左翼のほうが欠けているような気がします。過激派は「弱音を吐くな。それぐらいは革命的精神があればなんとかなる」と大日本帝国陸軍みたいなことを言いますから。戦前の軍人を鼓舞した大和魂と、過激派武闘派の階級的闘争心というのは、本質的には同じものです。本来、政治は身体に拠点を持つべきなんですよ。「眠い」とか、「疲れた」とか、「腹減った」というのは、頭が今やっていることに対して、身体が「ノー」と言っているわけです。「止めろ」と言っている。革命闘争もいいけれど、寝ないと保たないよと忠告しているわけです。でも、そうした身体的な訴えを無視しないと、政治的な戦闘性は獲得できないと左翼は信じている。だから、だから政治は難しいんですよ。左翼の思想はもともとは被抑圧者の身体に加えられた暴力や収奪に対する共苦の実感に発するもののはずです。けれども、その傷ついた身体への「惻隠《そくいん》の情」から発したはずの政治運動が、組織的に展開してゆく過程で、政治主体自身の脆《もろ》さや弱さや傷つき易さに対して無感動になる。でも、自分の身体からの愁訴に耳を貸さない人間が他者の身体からの愁訴を聴き取ることができるはずがない。政治は脆く壊れやすい身体を適否の判断基準にしないと、現実的有効性がない。何か社会的達成をする以前に、政治主体自身の身体が壊れてしまいますから。

イデオロギーよりも人間性

白井 前に話が出た田中角栄や徳田虎雄などの例を見ても、昔の人は本人の持っているイデオロギーなどはあまり気にせずに、フラットに人間そのものを見ていたという気がしますね。「イデオロギーというのは相対的なものであって、大事なのはどれだけ潜在的なエネルギーを持っているか。そしてそれは活かし方次第だ」と考えていた。同時に「俺にはそういうやつを活かすことができる」という自信があったんですね。左翼運動をやっていた学生が田中角栄の事務所へ行ったら、その若いのが「親分のやり方は間違っている」と言い出す可能性もあるわけでしょう。おそらく田中角栄には、たとえそうなったとしても、「いや、違うのはおまえだ。俺のほうが正しい。だから俺の言うことに従え」と説得できる自信があったんでしょう。徳田虎雄にもね。

内田　あの世代は修羅場をくぐっていますからね。踏んできた修羅場の場数というのは大きいんですよ。うちの父親も中国大陸で修羅場をくぐってきた人だと思いますが、「あいつは哲学がある」という独特の言い回しで人を評価していました。

「哲学のあるなしって、いったい何を基準にして決めているんだろう」と僕は思っていましたけれど、どうもその人の学歴がどうだとか、どういう社会的地位にあるとか、どういう政治思想を持っているかとか、そういうこととは無関係らしい。「頼む」と言ったときに「わかった」と応えてくれるかどうか、一度「わかった。引き受ける」と言った以上、その誓言を身体を張って守るかどうか、そういうことを基準にして、父は「哲学がある人間か、哲学がない人間か」を判定していたらしいです。実際に、大陸にいた最後の頃は、大日本帝国が瓦解していくときに砂かぶりにいたわけですから、そこではもう社会的地位がどうとか、知識がどうとか、学歴がどうとかいうことは、ほとんど問題にならなかった。「人として信頼できるかどうか」だけが問題になる。「ここで待っていてくれ」といったときに待ってくれているかどうか。それがときには命がけのことになる。ですから、「一度口にした約言を重んじる人かどうか」が人間を見るときの優先的な基準になったようです。

白井　内田さんのお父さんは確かインテリジェンス系の人でしたね。

内田　ええ。満洲と北京で情報関係や宣撫工作の仕事をしていたらしい。たぶんそのせいで、父親の植民地官僚と軍エリートたちに対する不信感というのはものすごかったですね。心から軽蔑していた。

白井　私は自分が極限状態をくぐってきた経験はないですが、「この人、信用できるかな」と判断するときには、そういう状況を想像してみることにしています。たとえば戦国時代にいるつもりになって、「この人と一緒にいていいだろうか。本当の意味でパートナーシップを結べるだろうか」と考えてみるんです。

内田　僕もそうです。負け戦のとき、きびしい後退戦を戦っているときに、横にいて、一緒にいてくれる人かどうか、それが一番重要ですね。調子がいいときにはそばにくっついているけれど、落ち目になったとたんに離れてゆくという人間がほんとうに多いですから。僕がチェックするのは、その点だけですね。僕が落ち目になったときに、あるいは日本社会全体がどうにもならないほど制度劣化した局面で、落武者になって、折れた槍を担いで一緒にとぼとぼと歩いて、「ちょっとたばこ一本くれない」と言ってくれるような相手ですね。そういうのは、一目見てすぐわかるんです。普段、酒を飲んでいたって、こっちが酔い潰れたらそのまま置いていって消えてしまうやつと、自分の終電がなくなるのに担いで家まで運んでくれる人がいるわけで（笑）。

白井　僕の場合は「この人が大将、自分が副官で戦いに臨んだとき、きつい状況になったらどうなるだろうか」と考えます。「この人と一緒にいれば生き残れるはずだ」と思えるかどうか。「この人と一緒にいたら死んでしまう」と思えば、「これは一緒にはいないほうがいい」という判断にもなるし、あるいは、「この人と一緒なら、死んでもいい」と思えるなら逆の判断になります。

内田　本当に人間を見る基準は、そういうところにあるんですよね。綱領的正しさなんてどうだっていい。

白井　人は本来、そういう居ずまい、立ち居振る舞いであるとか、言葉の端々から滲み出てくる雰囲気であるとか、そういうものを見て相手を判断しているんですね。

ネットワークがあれば、生活は成り立つ

白井　前に栗原康くんの話をしましたが、彼にかぎらず、ニートと呼ばれるように、自分に定職がなくても、とりあえずは親と一緒に暮らして、居候でいられるぐらいの経済環境はあるという人は、今の世の中には多いと思います。そういう人も、親に大きな遺産があれば別ですが、そうでなければ「親が亡くなったあとはどうやって生きていくのか」という現実を、いずれ間違いなく突きつけられるわけです。そのとき彼らはどうするのか。おそらく栗原くんなどは、「そのときはそのときに考えればいい。そんなことを先回りして心配する必要はない」という考え方なのでしょうが。

内田　僕もどちらかというと、そちらの考え方のほうに共感しますね。

白井　そういうある種のいい加減さみたいなものが、もっと社会に許容されるべきであると。

内田　前にも言ったけど、僕は大学を卒業して即無業者になってしまったわけです。でも、それでもなんとかなるもので、それなりに月々の収入はあったんです。家庭教師をやったり、翻訳のバイトをやったり、そういう単発のバイトをやって食いつないでいました。やっぱり友だちのネットワークの中で暮らしていたということで救われましたね。バイトだってほとんど友だちが持って来てくれたんです。白井さんがおっしゃるように、定職がなくてもなんとかなるというのは、いくつかの条件に恵まれて成り立つ話であるというのはまさにそのとおりですね。定職がなくても、蓄えがなくても、相互支援的な共同体に帰属していれば、けっこう楽しく暮らせるものなんです。

白井　「仕事を紹介するよ」といった話が来るわけですか？

内田　しょっちゅうでしたね。「おまえ、暇なんだろ？」と言って、「うん、暇」と言うと、「じゃあ、これやる？」とか、「あそこにこういう仕事があるから紹介しようか？」という具合に、単発のバイトは頻繁にもらいました。だいたい電話なんか持っていないから、家まで来るわけです。ドンドンとドアを叩いて、「内田、いるかあ？」と。「なに？」と訊くと、

「ちょっとこんな仕事あるんだけど、おまえ、やる？」「おう、やるぜ」という、そういうやり取りで仕事が回ってくる。結局僕のこれまでやった仕事って、全部そうです。もとは「内田、これやる？」「おう、やるぜ」で始まったものですからね。

僕は当時、自由が丘の駅のわりと近くのところに小さな部屋を借りていたんですけれど、そこは原則出入り自由だったんです。一応施錠はしたけど、鍵は鴨居の上に置いてあることを友だちはみんな知っていたから、僕の留守に上がり込んで寝てたりするし、終電がなくなれば、僕のところに泊まる。

忘れがたいのは、友だちが今いるアパートからは引っ越すんだけれど、次に借りたアパートの部屋がまだ空かないから、そこが空くまで僕の部屋に荷物を置かせてくれないかっていうことがあって。「いいよ」って言ったら、僕の留守中に引越し作業があって、家に帰ってきてドアを開けたら玄関の三和土《たたき》にまで段ボールが積み上がっていて、中に入れない。しかたがないから、外から回ってガラス戸を開けて、机の下に潜り込んで、段ボールを押しのけて隙間作って、なんとか身体が入るスペースを作った。ぶつぶつ文句を言いながら、その空間で三週間ぐらい暮らしました（笑）。でもまあ、そういう自分の持っているわずかな資源をみなさんに開放することによって、お返しにいろいろといただいていたわけです。

白井　収入がないとリアルにつらいのは事実なんですけどね。ただ、「今はカネがなくても、俺はえらい。世の中が間違っているんだ」と考えないと。

内田　そうそう。「世の中間違ってるぞ」って突っ張らないとね。

白井　もちろん、それで何年もがんばるのはすごく大変だし、そうすることで変なふうにひねくれてしまう危険性もあるけれども、ただ根拠なき自己肯定というものがないと、苦しいときはダメだと思いますね。

内田　無根拠な自信はほんとにたいせつです。

社会には統制されていない部分が必要

白井　僕の少し年上の友人で、起業して社長をやっている方がいるんです。この人は東北の仙台から出てきて、東大に入った。ここまでは順風満帆だったのですが、駒場寮に入ったあたりからおかしくなってきます。いろいろあって、中退だったか除籍だったかで東大をやめて、どうしようもなくなって、一時はホームレスにもなっていたというのです。それで実家に帰ったんですが、家にいても居心地が悪い。そこで彼は仙台の名門高校の応援部だったから、応援部の部室に行ってみた。そうしたら、後輩たちが、「えっ、あの伝説の先輩ですか」と驚いて歓迎されたので、しばらく高校の部室に暮らしていた。

それからまた東京に戻って、駒場寮時代の同窓生で、数学科の院生になって、ちょうど今、博士論文執筆中だという人の部屋に転がり込んだ。そんな大事な時期に転がり込まれて、大変な迷惑だったと思うんですが、この人も偉くて、「とりあえず毎日一〇〇〇円あげるから、これで飯でも食え」と言って、毎日一〇〇〇円ずつお小遣いまであげていた。その友達は博士論文を書きながら、助手をやっていたそうなのですが。

ところがこの社長さん、もらった一〇〇〇円を持って神社に行って、「私はいったいどうなるんでしょうか。神様、助けてください」といって、お賽銭にあげたりしていたというんです。しかもそのとき、殊勝に居候させてもらっていたという感じでもなく、「俺様がお前の所に居てやるんだ、ありがたく思え」という雰囲気だったとか……。

あらゆるエピソードが想像を絶する方です。その後紆《う》余《よ》曲折あって、今は自分の会社を起こして、業績がすごく伸びているんです。本当に波瀾万丈ですよね。一般的な基準から言えば、ほとんどクレイジーという域に達しているかもしれませんが、こういう紆余曲折があったからこそ、今経営者として成功しているのだと思うのです。

内田 昔は大学の寮やサークル棟なんかには、わけのわからない人たちが住み着いていたもんです。僕が駒場寮にいたときなんか、女の人が住んでいたもの。ときどき洗面所で会うんですよ。「なんで寮に女の人がいるんだろう」と思っていました。

白井 女子は禁制だったんですか。

内田 当然女人禁制ですよ！　第一、学生ではなかったですから。いい年したおばさんなんだから。「なんでこんなおばさんがいるんだろう」と不思議でした。洗濯とかしてるんですよね。闇の世界でした。でも、闇は必要ですよね。社会には、そういう「遊び」の部分、よくわからない、統制に服さないところが絶対に必要なんです。そのほうが効率がいいんです。それをなくしてしまうと、本当に生きにくくなりますから。

白井 二〇〇〇年前後ぐらいですかね。大学がそういうわけのわからない闇の部分を一掃してしまったのは。その頃、早稲田大学の地下部室撤去反対闘争というものがあったんです。かつて早稲田では、各校舎の地下とラウンジのテーブルが実質的にサークルによって占拠されている状態に長年ありました。「教課分離」、すなわち教学と課外活動を分離するとかいう方針と、教室不足の解消を旗印に、大学当局は最終的に地下部室を撤去排除し、ラウンジも「特定サークルの独占使用状態を解消する」ということでサークルによる使用を禁止しました。サークルは全部、セキュリティがやたらに強化された新しい学生会館に閉じ込めることにした。反対闘争とは、これらの動き全部に反対する運動でしたが、結局敗れました。

反対運動には僕も少々かかわりましたが、本当によくもまあこれほどバカげた改革をやるもんだと思いましたよ。それこそ、内田さんの言う闇の部分の深さこそ早稲田の最大の取り柄だったのに、それをわざわざ自分たちでなくす。自殺行為以外の何物でもない。

会社が持っていた共同体機能の消失

内田　かつての日本では、会社が市民社会や地縁血縁の共同体の代行をしていた面があったと思います。僕が子どもの頃の会社員たちはそうでしたね。終身雇用・年功序列型の雇用形態だから、疑似家族的になる。だから、職場の人たちと、その家族で海水浴へ行ったり、ハイキングへ行ったり、餅つき大会をやったり、麻雀をやったり、とにかくしょっちゅう家を行き来してました。

でも、終身雇用制度が終わったところで、疑似家族的な共同体が崩壊した。今の会社員は労働者という相でしか会社にかかわることができず、モジュール化した労働をやらされている。匿名の個人が、その人でなければならないという必然性もなく、たまたま一時的にそこにいる。

白井 この問題については、ヘーゲルの『法の哲学』の理論図式で考えると、すっきりするかもしれません。つまり人間には基本的に三つの役割があると考えられる。第一は家族の一員としての役割。第二は市民社会における役割で、市民社会とは基本的には資本主義経済に依拠して動く社会のことですから、そこにおいて労働者として、あるいは経営者として、経済活動にかかわる上でのそれぞれのポジションが、市民社会における「私」ということになる。第三が国家の次元における役割で、そこでは人はシトワイヤン（経済的側面を排除した、抽象的な市民概念）の市民として、考えたり、時には要求をしたりする。一人の人間は家族、市民社会、国家という三層構造の中で、生きているわけです。

では、日本における会社とはなんであるのか。そこで働いて、糧《かて》を得るわけですから、まず基本的には市民社会の次元に存在する。他方では、それこそ他の社員の家族と家族ぐるみの付き合いをするわけですから、家族の領域にも入ってくる。さらに労働組合などを通じて、選挙の票のとりまとめみたいなこともやるわけですから、国家の領域、公民としての活動も会社をベースとしてやっているということになる。

そこまで考えたとき、会社というものの果たす社会的な機能があまりにも大きすぎるということが問題として浮かび上がってきます。これがうまくいっているときには、それなりに安定したシステムだったわけですが、会社は本来、利益を上げることが第一義の存在理由です。家族的に親睦を深めるといったことは、資本主義的に経営される会社の本来の目的ではない。それ故に「利益を上げる」という本業の部分が大変になってきたことで、すべてが崩壊し始めたんですね。「結局、利益を上げることが本当の目的だったはずだ」と気がついて、その目的に会社組織が純化されていった。

でも、そもそも会社というのはそういうものなのだから、そうした対応はある意味、正しいわけですよ。ただしそこでの問題は、会社がそれまで担っていた本来ではない社会的機能、国家にかかわる、あるいは家族にかかわる部分の社会的機能が失われてしまったことです。それはこれまでずっと会社がやってくれていたものだから、失われたとき、日本の社会の中に会社に代わる受け皿というものがなかったんですね。

内田　本当にそうだと思います。二〇世紀の終わり頃からその受け皿がないままでずっと来てしまった。僕が凱風館をつくったときに、最初に思い描いたのは、自分が子どもの頃に父親が勤めていたような、家族的な会社の姿でした。ハイキングに行ったり、社員旅行に行ったり、スキーに行ったり、海水浴に行ったり、麻雀をやったりするような会社ですね。だから「とにかくたくさん行事をやる」と決めたんです。昨日も餅搗《つ》き大会をやったところなんですけれど、杵と臼を運び込んで、もち米を炊いて、三臼分のお餅を搗きました。少年部の子どもたちが二〇人くらい来て、食べてました。今の子たちは搗きたてのお餅なんか食べたことないですからね。凱風館では、スキー合宿もやるし、海の家にも行くし、ハイキングもやるし、釣りにも行くし。合気道合宿のときは大型バス二台を仕立てて、一〇〇人ぐらい行きますからね。道場は能舞台仕様で作りましたから、当然能楽の会もやるし、落語会もやるし、演劇も、コンサートも、義太夫の会も、浪曲の会もやる。大学院のゼミの延長で、寺子屋ゼミというのも週一回やってます。

基本は武道修行の場としてつくった道場ですけれども、それだけでは足りないような気がしたんです。同門の仲間たちは一種の拡大家族なんだから、家族のように支え合って行けるような相互扶助共同体を作ろう、と。そんな途方もないことは、以前だったら思いつかなかったでしょう。でも、ある頃からこういうことは自分で身銭を切ってやらなければいけないと思うようになった。あまりにも今の社会にはそういう疑似家族的共同体が足りないと思ったんです。

都市と地方の文化資本格差

白井 共同体の維持という点では、都市以上にきびしいのが地方経済ですね。どんどん人が失われていっている。地方の人の話を聞くと、勉強でトップクラスの人はやはり東京か、北海道なら札幌や東北なら仙台というように、大学選びの時点で都会に出ていくことが多い。そして大抵はそのまま、流出する。

内田　地方から都市への移動が数としては圧倒的に多いわけですが、少数ながら、都会から地元へのターンも増えています。その場合は文化資本の移動を伴っているのが興味深いところですね。

この間も知り合いの若者が「奈良の田舎に移住します」と報告に来たんです。大学院を出て、今は非常勤講師をやっている人なんですが、研究は続けるけれど、田舎に引っ込むという。「そこで何をやるの？」と訊いたら、とりあえず障害者の就労支援の仕事をして、それから研究所を建てるというんです。奥さんが図書館の司書をやっていたので、プライベート図書館を建てて、そこを拠点に研究教育活動をやりたい、と。この場合は、文化資本が都市から地方に逆流しているわけですね。

確かに、その決断はあるなと思いました。大学の雇用条件はどんどん悪化していますから。専任でも任期制だし、非常勤講師の掛け持ちではとても暮らしていけない。そもそも大学自体がアカデミアとしての知的生産力を失っているし、出会いの場としての魅力も乏しくなった。それだったら自分の専門知識を活用できるような場所を手作りするというのは面白いなと思いました。

白井　やはりそういう動きには期待したくなりますね。決定的に重要なのは、内田さんがおっしゃるように、文化資本の移動が伴っていることでしょう。都会と地方の格差が話題になるとき、所得格差など経済面がクローズアップされがちですが、本当に最も難しい格差は文化資本の格差ではないか、と僕は思うんですね。適当な仕事がないとか、所得が低いといった事情も、過疎化の原因ではありますが、おそらくはそれら以上に、有為な若者が都会に出て行ったまま戻らなくなる理由は、圧倒的な文化的格差だろうと思うのです。たとえば、読んだ本のことを話せる相手がいない、映画について話せる相手がいない。知的に進歩する喜びを誰かと共有することができない。だから、知的に進歩することに喜びを感じるような人、つまり地方の発展の中核になりうるような人材に限って、出て行ってしまう。なので、ますますつまらなくなって、この傾向は強まる。もちろん、経済的にも衰退する。あらゆる面でのデフレスパイラルです。

こういうことを言うと、お前は田舎をバカにしているのか、という批判が寄せられるかもしれませんが、いい加減現実を直視しなければならないと思うのです。地価が安いとかのんびりしているとか、田舎にはそれだけで魅力的な部分がたくさんあるのに、なぜ衰退が止まらないのか。単に産業政策だけでなく、文化資本格差の是正に配慮した政策が打たれない限り、立て直しようがないと思います。

内田　今、地方は急速に限界集落化しているので、必死になって若い人を呼び込んでいます。空き家を提供したり、仕事を作ったり、定住支援のための条件はいろいろ自治体が工夫しています。岡山、長野、高知あたりは定住者が増えているので、自治体もずいぶん積極的です。兵庫では、農村に定住する予定なら、三年間は給与を出すから、その間に生活基盤をつくってくれというずいぶん気前の良い定住支援策もあるそうです。

　都市部の雇用環境がここまで劣化すると、本当に生きていけないというところまで追い詰められた若い人たちが、難破船からネズミが逃げ出すように、続々と地方に逃げ出してゆくという未来予測は、かなり蓋然性が高いです。

白井　その場合、大変なのは地域の人たちと都会から来た新参者との軋轢《あつれき》ですよね。僕の友人は、山陰地方で、役所に勤めながら、新規住民のためのコーディネーターのような仕事をしていました。それこそ必ず軋轢が起きると言っていましたね。彼は双方の言い分を聞いて、「まあまあ」と仲を取り持つわけです。「お互い溜め込まずに、言いたいことをどんどん言いなさい」とアドバイスしているということでした。おそらくどんな地方でも、新しくやってきた人が地域社会になかなか受け入れられないという現実があるのではないですか。

内田　軋轢があるのは、まだ余裕があるところだと思います。本来、農村は新参者にはハードルが高いんです。でも、最近はそうも言っていられなくなった。高齢化が進行していて、もう待ったなしなんですよ。耕作放棄地も増えている。限界集落、準限界集落では、あと一〇年手を拱《こまね》いていたら、農業の後継者が本当にゼロになってしまう。そうなれば地域が解体する、農業文化の継承もできない。もちろん祭礼や伝統芸能の担い手もなくなるし、墓を守る人もいなくなる。集落が無人になれば、先祖伝来の農地も価値ゼロになってしまう。もうぎりぎりまで追い詰められているんです。だから、「猫の手でもいいから来てください」ということになった。かつて都市からの移住者に冷たかった農村の障壁がここに来て急激に下がった。

白井　なるほど。都会の文化を持った住人が入ってくることで、もともとの地方の文化も刺激を受けて活性化してくるかなという期待はありますね。文化資本格差の是正と言っても、それは当然、都会の文化を田舎に植え付けるというような、つまらない植民地主義的な話ではないわけです。宮沢賢治が考えた「農民芸術」の理念が思い出されます。

内田　田舎の人が都市部に向かっていって、都市に生まれた連中がそこから離れて、縁もゆかりもない田舎に行く。状況の変化によって、そういう人の入れ替わりが行われている。

東京一極集中の補正としては自然な流れかなという気がします。

日本の農業は自給自足に向かう

内田 今の地方創生プランの目玉は「コンパクトシティ」構想ですけれど、これは要するに人口減の限界集落は捨てて、高齢者は駅前に集めるという方針ですよね。集落の人口が減ってしまったのに、道路を整備したり、バスを走らせたり、電気や電話を通したり、行政サービスを維持するのはコストがかかってしかたがない。だから、もう人口の減ったところは廃村にしてしまう。高齢者は医療機関が必要だし、子どもたちは教育設備が必要だから、里山に住んでいた人たちを駅前に集めて、行政サービスのコストカットを図り、かつ居住者の利便性に配慮するというのがこの構想の中身だと思います。

でも、地方都市の駅前に集めても、高齢者には仕事がありません。生活基盤のないところに移されて、ただ消費しながら、死ぬのを待つしかない。そんな生き方をするよりはなんとかして今住んでいる集落の人口を維持して、そこで農業なり林業なりを継続してゆくほうがいい。そう考える人が出てくるのは当然でしょう。

日本の例外的なところは、都会の人が、ふと思い立って「田舎で農業をする」というオルタナティブが残っていることです。アメリカは機械化された大規模農業ばかりですから、経験も資本もない都会人がいきなり帰農することなんか不可能です。

白井 アメリカで自作農を名乗りたかったら、まずはセスナを購入して、飛行機の免許を取得して、とやらないといけませんね。

内田 その点、日本の場合は、まだ素人でも、多少研修を受ければ、自作農としてなんとか食べてゆける。農業をめぐる環境が違うんですよ。農地が小さく、温帯モンスーンで地味は豊かで、降雨量も多い。自給自足で食べてゆくだけなら、素人でも農業に参入できるし、素人の帰農を歓待する自治体もある。こんなのは、日本だけの特徴だと思います。アメリカではありえないし、フランスでも、ありえない。これは格差が拡大している時代で日本だけが享受できるアドバンテージかもしれません。

白井 国土的な制約からして、大規模化ができないですからね。そういう面から考えても、「TPPは何を考えているんだ」という話になりますよね。

内田　ＴＰＰは日本の農業の構造変化を加速するためでしょう。自営農が没落して行けば、それに代わってビジネスとして「強い農業」をやろうとして参入してくる企業があるかも知れません。でも、ほとんどは国際競争に敗れて撤退するでしょう。いくら「強い農業」と言ってみても、現実には手厚い政府の援助を得たアメリカやヨーロッパの農業が日本の農業を駆逐していく。自分と家族が生きていくために必要な分だけ収穫があればいいというくらいの気持ちで田舎で暮らす人たちだけしか踏みとどまれないんじゃないかな。

白井　確かに農地の集約など、生産効率を高める努力はしたほうがいいとは思いますが、それでアメリカの巨大資本に対抗できるかといったら、まったく次元が違う話ですよね。

内田　輸出産業としての農業は無理ですよ。技術はあるでしょうけれど、企業は農耕ができる環境整備コストをゼロ査定してますでしょう。実際には、農業ができるためには、山を守り、川を守り、森を守り、海を守るというエコシステム全体の安定的な管理が必要なんです。そのための手間はこれまで農民たちが「不払い労働」として担ってきた。でも、企業は環境整備コストなんか絶対に負担しませんよ。農耕ができるように環境を整備するのは行政の責任だ、税金使って山や森や河川を管理しろと言うでしょう。でも、企業招致のために多少の便宜を計るくらいのことはしても、これまで農民が不払い労働として引き受けてきた環境管理コストを「公金から支出しろ」と言われて「はい、そうですか」というような自治体はないですよ。だから、企業は環境を汚すだけ汚して、環境が劣化して農業ができなくなった時点で農業から撤退する。必ずそうなると思います。

白井　これからの日本では経済は成長しない。おそらく世界的にもいずれそうなっていく。つまり、資本主義経済が終わるということですが、水野和夫さんは近代資本主義の原理を「より多く、より速く、より遠くへ」を追求することだとおっしゃっている。資本主義が終わりとは、これらの原理の反転を意味するはずです。それは、ある意味で自給自足的な世界を、それが閉鎖系ではない形で取り戻すということになるはずで、それをどうやって実現するのか、具体的に考えなければならないですね。

内田　総務省や経産省あたりは、里山に移住して自給自足的な農業をやる若者なんてまだ目に入ってはいないでしょうけれどもね。統計にも出てこないし、彼らの経済活動なんか、まだＧＤＰ上はほとんどゼロでしょうし。

白井　そうでしょうね。エコロジー系の人たちが昔から言ってきたのも、「ＧＤＰなんか意味がない」ということです。たとえば、ミネラルウォーターを買って飲めば、ＧＤＰに貢献するけれども、家の裏にある古井戸から水を汲んで飲んでたら、いくらうまくても

ＧＤＰにはまったく貢献しない。つまり生活の豊かさとＧＤＰとは、実は大して関係もないんだということですね。

「持続可能な」というようなことを政府も企業も言いますが、ならば野放図なグローバル化の推進などしてよいわけがない。たとえば米ひとつ取ってみても、カリフォルニアの米を日本で食べようとしたら、太平洋を越えて持ってこなければいけないわけです。

内田　膨大な量の石油を使ってね。

白井　ええ。フードマイレージという考え方がありますが、これに従って、ものの移動に「移動税」をかければいいと思っているんです。ものを移動させるには、それだけの環境負荷が伴うわけですから、その移動させた負荷に対して税金をかけていく。たとえば「地球の裏側から何万キロ移動して来ました」という商品があったとする。でも別に同じものを作ろうと思えば、地元でもできるという場合に、移動税をかけるようにすれば、数万キロ運ぶという無駄をやめさせることができるでしょう。僕はそれが今後の文明が進むべき方向性ではないかと思うんですよ。

内田　イタリアのスローフード運動なんかも、そういう発想から来ているところがありますね。

白井　あると思いますね。

内田　ただちょっと危険なのは、エコロジー活動もなぜかファシズムと親和性が高いんですよ。「精製していない玄麦パンを食べよう」とか、「有機農業の野菜を食べよう」と言い出した元祖はヒトラーユーゲントですから（笑）。「野原へ行って、自分たちの地元の産物を、地産地消で食べましょう」という思想は、そもそも自分の身体を養っている大地はどこか、食べ物は何か……それによって自分のどのような民族的本質が開花するのか、というほうに行ってしまう。

白井　今、京大にいる藤原辰史さんが、そのあたりの研究をやっていて、ナチスと有機農法の関係についての本を書いておられますね。非常におもしろいんですが、近代における有機農法の立役者的な人が、熱心なナチ党員だったという、スキャンダラスな話があるんですね。

内田　そこには内的な必然性があると思います。「自分が暮らすこの大地を踏みしめて、自分が生まれたのと同じ場所で育った農産物を食べることが最高だ」という発想は、それだけ見れば結構なことなんですけれど、異邦人や外来文化に対する排除と簡単にリンクしてしまう。自分たちの社会が今こんなに不調なのは国外からの食文化に汚染されたせいである。だから、外来の食品・食文化を排斥して、伝統的な食材を伝統的なレシピで食べようという話になる。それはそのままゼノフォビアに結びつく。

イタリアのスローフード運動がそういう主張をしているんですけれど、この「外来の食材」という言葉の定義があいまいなんです。ジャガイモもタマネギもトマトもイタリア原産じゃない。もとは外来種です。イタリアでトマトが食材として使われ出したのは一八世紀からです。「外来の食材によって伝統的な食文化が汚染された」というなら、「じゃあ、トマト使うのも止めろよな」と言いたくなる。

ただ、僕自身も自分にファシズムへの親和性を感じて、けっこう危険だなと思うことがあるんです。僕は武道をやって、能楽やって、伝統的な祭祀や儀礼が大好きで、「農業再生」とか「里山に帰れ」というようなことをつねづね言っているわけですから、一歩間違えば簡単にファシズムに行っちゃう。

白井　確かに、「外来のものを排して純化しよう」というと、自己矛盾に陥るんですね。日本でも戦前に、農本主義の橘孝三郎などがいましたね。橘の場合、五・一五事件に関与するわけですが。

内田　権藤成卿《せいきょう》とかね。そうなんですよ。彼らの書いているものを読むとね、つい「いいこと書いてあるなあ」と共感しちゃうんですよ（笑）。

悪徳資本家への天罰

白井　先日、堤未果さんと話したときに話題に上がったのが、「ウォール街は次は日本の国民皆保険制度を狙っているのだろう」ということでした。彼女はアメリカで取材してきたわけですが、ウォールストリートの証券マンに話を聞いたら、「日本には政府による保険や年金という、何十兆円ものマーケットがある。ここはぜひ進出すべき領域だ」と言って、目を輝かせていたそうです。

いかに日本の国民皆保険のシステムを崩して、そのパイを奪うか、と考えているわけですね。その連中は自分たちの行動によって日本で病気やケガで困っている人たちがどうなるかということに関しては、なんの興味もない。堤さんも「それによって人々の生活が破壊され、生命が失われる可能性もあるのに、自分は何も痛みを感じないから、そういうことを平気で言えるんでしょうね」と言っておられましたね。

「資本の運動は資本の内的必然性に従っているだけで、そこを人格的な問題として論じてはいけない」という議論もあるけれども、しかしながら、誰か具体的な人格がその運動を担っていなければ、運動そのものがあり得ない。その悪を抑制するためには、定期的に罰が与えられる必要があると思うんですよ。歴史的に見れば、ロシア革命がそうだった。革命の場合、これまた必然的に行き過ぎが起きるわけですが、「その行き過ぎがけしからん」と言い募ることによって、今度は悪への罰が与えられない世界になってしまった。ソ連の崩壊以降ずっと、「罰してはいけない」と宣伝することにみんな血道を上げてきたんですね。でもやっぱり、このままではダメですよ。

内田　経済のかたちが金融主導でこれだけ歪んでくると、いずれそれを補正する動きは必ず出てくるでしょう。それを「天罰が下る」と言えば言えるかも知れない。

経済にしても政治にしても、最終的に動かしているのは生身の人間なわけです。経済活動だって、生身の人間の衣食住への生理的な欲求から始まっている。いくら人間が機械文明を構築して快適さや利便性を追求してきたといっても、「快適だ」と感じるのは人間の身体なわけですから。

でも、今の金融経済はもう人間のスケールを超えている。衣食住の生理的欲求を満たすことを目的にしていたら、経済成長なんかありえませんからね。だから、どんどん要らないものを作り、どんどん廃棄し、どんどん破壊して、それで経済をかろうじて回している。でも、そのせいで人間の衣食住の生理的欲求の充足が危うくなってきた。このシステムはもう限界に来ていると思いますね。

今、白井さんがおっしゃったような「天罰」は、人間の生身の身体がバーチャルな経済活動やバーチャルな政治的幻想にうんざりして、我慢できなくなって、「もういい加減にしてくれ」と悲鳴を上げるというかたちで起きるという気がしています。世界中で政治的幻想・経済的幻想と生身の身体が共生不能に陥って、軋《きし》みを起こしている。身体が「もう戦争は止めてくれ、もう経済のために人間の環境を破壊するのは止めてくれ」と言い出している。この「止まれ」という悲鳴が、どこかで「天罰」的に機能するんじゃないですかね。

白井　実際に今、世界経済は不気味な状況になっていますよね。

内田　何がどこから始まるでしょうね。中国経済のクラッシュかな。

白井　中国経済については、本当はもうクラッシュしているのに、ごまかしているのではないかという疑惑が盛んに語られていますが、実相は不明です。一時はそれで株価が一気に落ち、それに連動して円が高くなった。その後にまた円が安くなって、株価が戻すといった行ったり来たりの状況になりましたけれども、これも実体のある動きではなく、ただの群集心理の反映ですよね。市場にかかわっている人たちが、「円安＝株高」と刷り込まれているから、現にそうなるという話で、ファンダメンタルズにおいてどうなのかということは、ほとんどどうでもよくなっている。混乱が起きると、経済評論家が出てきて、「ファンダメンタルズを軽視したバブルだった」などと事後的に解説してみせるわけですが、見飽きた光景です。

内田　悪徳資本家といっても、今やもうそれは人格を持ってさえいないわけですからね。株の取引も機械がやっている。株や為替がこんなに急落したり、急騰したりするのも機械がやっているからです。どのファンドもたぶん似たようなアルゴリズムを使っているんでしょうから、売り買いにおいて、一斉に同じ行動をとる。投資家が人間だったら、投資行動には多少のばらつきがあるはずなんです。ちょっと思惑があったり、裏目に張ったり、あるいは激しい値動きをしているときに昼寝しちゃっていたとか、そういう理由で、タイムラグや投資行動の足並みの乱れが生じることもあるんでしょうけれど、機械がやっている以上、そういうバグは消されている。投資行動が斉一的であると、何かあって同じ方向に動き出したときには、歯止めが利かない。「いったい何を考えて市場を破壊するようなことをするんだ」と機械を責めても、機械には罪はない。

白井　近代の人類は利便性を求めてさまざまな社会的制度を進化させてきたけれども、実はそれによってリスクをヘッジすることができなくなっていますよね。株式市場と同じような問題が、いろいろな領域で出てきています。たとえば貨幣システムにしても、利便性を追求していった結果、万が一のときのリスクが跳ね上がっている。

今はヨーロッパでは、多くの国で通貨はユーロになっているわけですが、かつては、ドイツだったらマルク、フランスだったらフラン、イタリアだったらリラと、いちいち両替していたわけですよね。ほんの一五年くらい前の時代のことなのに、振り返ると「ずいぶん面倒くさいことをやっていたんだな」と思ってしまう。しかし、不便であることによって実はリスクが分散していたんですね。

以前、中国の清の時代の貨幣制度についての論文を読んだことがあります。おもしろいのは、貨幣によって買える商品が決まっていたことです。食器だったら食器しか買えない通貨、食料と水だったら食料とか水しか買えない通貨があったそうなのです。

だから買い物に行くとややこしいんです。いろいろなものを買おうと思ったら、いろいろな種類の通貨を持っていくか、あるいは両替商でエクスチェンジしなければならない。市場にはそこら中に両替商がいて、そこで手持ちの通貨を買いたい商品用の通貨に替えてもらって、それで買う。現代人の目から見ると気が遠くなるような煩瑣《はんさ》なシステムに見えますが、それだけリスクは分散されていて、何か一つの通貨が暴落しても、あまり大きな問題にはならない。その通貨だけを貯め込んでいた人はダメージを受けるだろうけれども、それは社会全体から見ればごく一部であって、全体としては健全性が保たれる仕組みになっていたというのです。

内田　お茶しか買えない通貨で、お茶の価格が急騰したら、「お茶はダメだけれども、じゃあ、水を買おうか」となるわけですね。なるほどねえ。

白井　ギリシャ危機などを通して欧州通貨統合の矛盾が表面化するのを見るにつけ、利便性が高いということには、必ずと言っていいほどリスクが含まれるのだと考えるべきなんでしょうね。

貨幣と身体性

内田　何につけ、「利便性」を追求する動きに対して、「身体性」というリミッターをかけるのは大事なことだと思うんです。おカネについても、身体性というのは重要なファクターです。イスラーム法学者の中田考先生は「財産は金貨か金塊で持ちなさい」とおっしゃるので、「なぜ金貨なんですか」と訊いたら、「持てる量に限界があるから」と教えてもらいました。何かあって、家財を抱えて逃げ出そうというとき、鞄に詰め込んで担げるのは金だとせいぜいインゴット一本くらい。それでも一〇キロ以上ありますから、それでだいたい四〇〇〇万円。欲を出して、それ以上担ごうとしても、砂漠を走って逃げているうちに、だんだん腰が痛くなってきて、歩けなくなるでしょ。

白井　中田先生は金貨の伝道師ですね。四〇〇〇万円だと、確か金の延べ棒一〇本ぐらいというお話でした。

内田　金地金が一本一キロで一〇本、インゴットだと一本。そのあたりが上限でしょうね。でも、人間の身体が運べる重さの上限が、人間が所有できる財産の上限であるというのは、なかなか味わい深い見識ですよね。それ以上持っても運べないんだから、持っている意味がない。だから、それ以上ある分は喜捨するしかない。遊牧民の知恵だなと思います。

今の貨幣は電磁パルスだから、天文学的な金額を口座に貯め込んでも重くない。それをまたケイマン諸島のタックスヘイブンに移したりする。でも、全財産を「自分で持って運べる量」に限定すれば、身体というリミッターがかかる。身体というリミッターをかけることで、人間的行動の放埒《ほうらつ》さを制御するという考え方はまことに正しいです。

白井　自分の身体から肌身離さず持っていると、襲われる危険性があるわけで、そうならないためには、やっぱり人から好かれなければいけないですね（笑）。

内田　そうですね。ふだんから余分のお金をじゃんじゃん喜捨して、周りから、「あの人はええ人やね」と言われていれば、安心です。でも、「身体で運べる上限を個人財産の上限にする」という考えは遊牧民にとっては常識的なことなんですよ。そもそも遊牧民の場合、基幹的な財産て、ラクダやヒツジのように「自走する獣」ですからね。こんなの個人で何万頭も所有できませんよ。どっか行っちゃうから。

白井　僕も金の延べ棒を一本、買ったことがあるんです。そのときにはやはり、「どうやってこれを保管すればいいんだ」と思いましたね。第一には、金を扱う業者が持っている貸金庫のような保管庫があって、そこに置いてもらえるんですが、そのためには保管料を払わなければいけない。

第二に、バーチャルなかたちで所有することもできる。産業用貸出という仕組みがあって、持っている金塊を、金を使う企業へ貸し出すことができるんです。「それだと保管料はかかりません」というんですが、よく考えるとそれも怖いんですよね。取り付け騒ぎのような危機的な状況が起きた場合、「俺の金塊を返してくれ」と言っても、向こうは現物を持っていないということになる。さらに言えば、貸金庫にしたとしても、業者が本当に自分のところの金庫に入れているのか、こちらには確かめる術がない。疑い出せばきりがなくて、「やはり自分で保管するか」ということになる。

内田　自分の家の押入に入れておいてドキドキするんだと、なんだか『水屋の富』みたいな話ですね。

白井　そうです。金庫でも買ってきて、そこに入れておくという方法が思い浮かびますが、そうしたら今度は、「押し込み強盗に入られるんじゃないか」と不安になってくる。大量の現金を自宅に置いているのと同じですから。

そうやって考えていくと、金貨や金塊というのはなかなか扱い辛いんです。それに比べて通貨の場合は、簡単にいくらでも所有できる。そこに身体性、実体というものはない。「銀行預金の口座に入っています」というだけで、持っていることになっているけれども、究極的に言えば、これも幻想なわけですよね。

急に思い出しましたが、阪神淡路大震災のときの大火災の後の光景が印象的でした。家が焼けて更地のようになった場所に、お父さんたちが紐テープを地面に張りめぐらせながら座っているのです。何をやっているのだろうと思ったら、住宅街が焼けたために、土地の境界線がよくわからなくなってしまうので、「ここが自分の土地だ」と紐テープで示し、さらにそれがずらされないよう見張っていたのですね。こういうわけで、財産を土地に変えても、非常事態が発生すれば、決してその所有は安定したものではない。あの光景は、所有における本来の身体性が露呈した場面ですよね。

先日、「これからマイナス金利になるので、預金口座にもマイナス金利がかかることになるかもしれない」と麻生太郎財務大臣が発言したらしいですね。金と同じで預金も保管料を取られることになるかもしれない。そうするとみんな、預金を引き出して、タンス預金を始めるかもしれませんね。

内田　マイナス金利にすれば、貯金しても損するから、じゃんじゃんお金を使うようになるだろうという狙いでのことなんでしょうが、そんな小細工しても、お金を使いやしませんよ。タンス預金にするか、あるいは白井さんのように金に替えるか。でも、そうなったら。

白井　金融機関は崩壊してしまう。

内田　僕も今銀行にお金預けているのは、決済のためだけですから。

白井　マイナス金利というのも、近代資本主義がもはや限界に来ていることの象徴のような話ですね。

成長戦略論の間違い

内田　グローバル資本主義はもう限界に来ていると思います。資本家が会社を作って投資をして、それが新たな産業を生んで、消費が刺激され、経済規模が拡大してゆく、というのが、産業革命以来の資本主義発展の構図でしたけれど、もうそのサイクルが成り立たなくなっている。今の政権で一番大きな考え違いは「もう成長しない」という事実を決して認めようとしないことですね。

でも、まだ残っているイノベーションのありそうな投資領域というと、ITとバイオくらいしかないわけです。「一投資したら、一・一になって返ってくる」というレベルのローリスク・ローリターンの投資は、資本家には食指が動かない。やはり「一投資したら、一〇〇、二〇〇になって返ってくる」という「大化け」の可能性がないと投資意欲が湧かない。その中で、ITとバイオだけは、投資したお金が何百倍、何千倍になって返ってくる可能性があると見られている。だから、そこに投資家は注目する。でも、「一投資して一〇〇〇になって返ってくる」ということは、千に一つくらいしか当たらないということでもあるわけです。俗に「千三つ」と言うけれども、ITやバイオはもっとひどくて「千一」なんです。専門家に伺ったら、「日本の大学発のバイオベンチャーでビジネス的に成功したケースは、これまで二例しかない」と言っていました。

白井　たった二例ですか。

内田　ええ。ミドリムシと、あともう一つだけだって聞きました。京大の山中伸弥先生がノーベル賞を受賞したiPS細胞にしても、発見としてはもちろん画期的なものだけれども、ビジネスにできるかというと難しい。アメリカの特許のレギュレーションがきつくて、なかなかビジネスにならないんだそうです。僕が話を聞いたアメリカの医者がそう言ってました。ITやバイオが経済成長を牽引できる産業に育つ可能性は日本にはほとんどない。じゃあ、安倍政権はいったいどうやって経済成長を実現する気なのか。

白井　アベノミクスのいわゆる「三本の矢」という政策は、「経済成長に効く」と言われている政策を全部やってみました、というものでした。しかし案の定、上手く行かない。となると、オリンピックくらいしか残っていないということになる。オリンピックで土地バブル、建設バブルを狙うという。

内田　なりますかね。

白井　せいぜい、東京の一部で部分的に地価が上がる程度だと思いますね。それ以外には、建材と建設労働者の人件費が上がって東日本大震災復興を阻害するという副作用が生じていると聞きます。そして、東京オリンピックは、裏金の問題がいよいよ深刻化してきました。とっとと開催返上するべきです。新国立競技場のことにせよ、エンブレムのことにせよ、トラブルが多発しているのは、動機が不純だからでしょう。福島の原発事故のことを誤魔化したいから、経済成長の夢を見て酔っぱらっておればいいのだ、と。「否認」の象徴です。

内田 建設業でも、作業員の高齢化が急激に進んでいますよね。技術を持った人たちが高齢化して減ってしまい、技術の継承もうまく行っていない。日本の建築技術の質が落ちてきているという話を聞きましたけど。

白井 宮崎学さんなどが以前から批判的に指摘していました。いわく、自民党政府は小泉改革のあたりから、特に地方の公共事業を絞りに絞って、各地の建設業者を潰してきたわけです。それにより土木建設業界が非常に脆弱な構造になってしまい、自己再生産ができなくなっている。技術の継承ができず、以前の水準が保てない。それに利益率が極端に低くなっていましたから、どこかで手抜きをせざるを得ない。どこでやるかというと、やはり素人の目には見えない部分でやると。たとえばコンクリートの強度を落としたり。

内田 基礎の杭を打たないとか（笑）。

白井 はい、横浜のマンションの件は酷いですね。ああいった巨大建築物になると、買い手は自分の目では確かめられない。しかも、あれは氷山の一角なのでは、という疑念はぬぐえないですよね。宮崎さんはもともと建設会社を経営していた人なので、「これは大変なことになるぞ。必ずツケが回ってくるぞ」と警告されていたんです。そういう事態が実際に生じているということが疑われます。

内田 オリンピックにしても、リニア新幹線にしても、なんのためにやっているのか理解できない。そもそも無理やりに経済を成長させて何をする気なんですか。

白井 アベノミクス派の理屈は、「成長で得たお金を貧困層に対する分配の原資にする」ということでしょう。

内田 嘘ですよ。「経済成長は、もうできません。だから、成長戦略もありません」とあっさり認めてしまって、「成長しない国をどうやって運営していくのか。どうやって一億二〇〇〇万人の国民を食わせてゆくのか」について、オルタナティブのプランに知恵を使わなければいけないはずなんです。知的な資源は「成長しなくても、生き延びられる戦略」の立案に集中すべきなんです。成長戦略と言ってみても、もうオリンピックだのカジノだの武器輸出だの原発再稼働だの、そんな手垢のついたアイディアしか出てこない。あとは官製相場で株価操作するぐらいしか思いつかない。今、日本のリーダーが言わなければいけないのは、そのことだと思います。「日本はもう経済成長しません。成長なくても生き延びるために、何か次の手立てを考えましょう」。それが言える人が真のリーダーになれると思います。

白井　本当にそうですね。だいたい二％程度の経済の伸びでは、むしろ富の集中しか起こらないということは、小泉政権で明確に実証されている話です。多くの人たちの生活実感としては、格差が広がってかえって貧しくなっただけでした。にもかかわらず、なぜここまで成長戦略一辺倒が続いているのか。考えてみると、本当に不思議なことですね。

内田　一つの理由は、日本には今もまだバブル期の蕩尽《とうじん》の経験を惜しんでいるおじさんたちがたくさんいるということでしょう。彼らはいまでも「バブル期の日本が、日本人が最も幸福だった時代で、日本のあるべき姿だ」と本気で思っている。

白井　水野和夫さんの著書などを拝読すると、戦後の日本経済はオイルショックまでが高度成長時代で、オイルショック以降も、それ以前に比べれば落ちたとはいえ、七〇年代の間はまだかなりの成長率を維持していた。ところが八〇年代は、バブル景気で景気が良かったと言われている割に、平均成長率としては実は七〇年代よりも低かったんですね。

バブル期を振り返って、「あの時代は景気が良かった」と言う人は多いけれども、それはイメージだけの話であって、実際の経済発展という面ではたいしたことがなかった。

内田　時代の空気だけですよ。みんなでたらめな消費行動をしていましたけれど、あの過剰な消費行動を後押ししていたのは「明日はもっと金が入ってくる」という幻想だけなんですから。若い人たちが未来を担保に入れてばんばん高額の商品を買った。ふつうの大学生がベンツやBMWを乗り回し、女子大生がミンクのコート着て通学していた時代ですからね。今だったら想像もできないけれども、何の才覚もないおっさんたちが、地価や株価の高騰のおかげで突然、北新地でドンペリばんばん抜いて、女子たちに札びらばらまくような消費行動が許された。

白井　ある日突然、王様になった気分だったのでしょうね。

内田　ええ。あの時代が我が人生最高の日々だったと回想している人って、いまでもいるんじゃないですか。毎日が王侯貴族の気分だったなあ、って。あの数年間に自分の青春がかぶった世代はあの時の脳内麻薬物質の放出の快感が忘れられないんでしょう。それより上でも下でも、「バブルの時代が一番よい時代だった」と思っている人は、年がいくつでも、「バブル世代」と言っていいんじゃないですか。「消費すること」に激しい快楽を感じているなら。「ロストジェネレーション」世代も、「あの時代の連中はバブルの時代にさんざんいい思いをした」というふうな書き方をしますよね。それが「自分も同じことがしたい」というなら同類です。年齢は関係ないんです。あのような愚劣で無意味な消費行動に快楽を感じていた連中と、それを羨ましがる連中は同類ですよ。そういうおっさんたちが「原発稼働しても、カジノ解禁しても、格差が拡大しても、福祉を切り捨てても、経済成長を」ということを夢見ている。

白井 安倍政権になってアベノミクスなる政策が始まった途端に現れた現象があります。それは書店の経済時事書の棚が自己啓発本の棚と見分けがつかなくなったことです。「アベノミクスで日本経済、超復活！」、「日本経済凄すぎ！」みたいな、見るからにどうしようもない本が溢れ返るようになった。で、これらの本は、嫌韓・嫌中本と親和性が高い。なぜなら、これらの本によると、日本経済が大復活する一方で、韓国と中国は経済的に破綻することになっているらしいからです。したがって、これらの自己啓発本と見分けのつかない経済時事本を買っている層と極右ヘイト本を買っている層は、かなり重なっている可能性が高い。つまり、これは前に話した「日本のおじさん」のエートスと安倍政権という問題なのですね。「何が何でも経済成長を」という心理は、自らの不能性を否認したいという惨めな欲望に支えられ、さらにそれは排外主義にもつながりかねないわけです。

ところで、内田さんは八〇年代はずっと賃貸暮らしをされていたんですか。

内田　ずっと賃貸です。不動産を私有するということに全く興味がなかったし、お金もなかったし。バブルの頃、まわりの連中は不動産か株やってましたからね。よく言われましたよ、「なんで内田は株やらないのか」って。「内田ね、地面にお金が落ちているんだよ。ただ、しゃがんで拾えばいいだけなんだよ。なんで、それをしないの、お前は。バカじゃないの」って嘲笑されました。でも、僕はそんな話信じなかった。「金というのは額に汗して稼ぐものだから」と思っていたから。

白井　労働価値説に則っていたから、バブルに引っかからなかったんですね（笑）。

内田　バブルになんか引っかかりませんよ。株買わないし、不動産も買わない。そもそも博打《ばくち》に興味ないですから。でも、僕が九〇年に神戸女学院大学に赴任したときは、まだバブル崩壊前だったから、すごかったですよ。職員でシャネルのスーツを着て出勤してくる人がいたり、夏休みはぞろぞろと長期のヨーロッパ旅行に行ってましたね。「電話一本で一月の給料分が儲かっちゃうんだもん。止められないわ」って言ってました。でも、あのバブルが崩壊したら、みんなまた地味な服に戻ったけど。幸い、バブルの時期が楽しい経験だったという記憶だけが残って、最後に全部すったことはきれいさっぱり忘れてるんですかね。

白井　当時、僕はまだ小学生ぐらいでしたので、憧れないで済んでいる。

内田　異常な時代でしたよ。そんなものを「もう一度」なんて、頭おかしいです。

成長しない定常経済、人口減少を前提とした縮小均衡。日本の将来を考えれば、そういう方向しかないわけです。「成長しなくても、大丈夫」という、納得のできる国家戦略を立てて、そのための具体的な政策を吟味するのが政府の仕事のはずなんです。そういう軸がはっきり出てくれば、日本人は力を発揮しますよ。なにしろ未だ人類史上で誰も経験していない、前代未聞のことをやるわけですから。倣うべき成功事例が存在しない。だから、何を語っても「机上の空論」にしかならない。でも、日本にもサンダースみたいな夢見がちの人が出てきて、わくわくするような未来像を語って結集軸をつくれば、日本人は一致協力して、その目標に向かって進んでゆくということだって、ないとは言えない。日本が生き残れるとしたら、それしか手立てはないんじゃないですか。

白井　同感です。「アベノミクスで日本経済大復活」なんて言われても、まったくピンと来ない

内田　ところが自民党ばかりか野党までもまだ「成長戦略がどうの」とぐずぐず言っているでしょう。この間、聞いたらSEALDsの若い人たちまで「持続可能な経済成長」とか言っ

ているんですよ。思わず天を仰ぎましたね（笑）。あのね、もう成長しないの。

リフレ政策の嘘

白井 新自由主義を奉じる安倍政権への対抗軸としては、やはり持たざる者への再分配を言わねばならないと思います。すると主流派の側は、「再分配には原資が必要だ。そのためには経済成長が必須で、リフレ的な金融政策によって経済を活性化しなければならない」と反論してくるわけです。まず僕は日銀のリフレ政策、金融を緩和することによって市場をインフレに導くというインフレターゲッティング、それ自体がインチキだと思うんですよ。インフレーション、デフレーションは貨幣現象です。先に需要と供給の関係に基づいて、好景気、不景気という景気の実態があり、それに応じてインフレになったりデフレになったりするわけですが、これは高校の授業で習うことですね。だから「デフレからの脱却」というスローガンがそもそもおかしい。景気を良くするために最初にデフレを退治しようというのがアベノミクスの主張なわけですが、それは現象と本質を取り違えている。「現象を変えれば、本質も変わるはずだ」と言っているに等しい。平たく言えば、「物価が上がってなんとなく景気がいいという気分にみんながなってくれれば、実際に景気も良くなるはずだ」という論理ですよね。

内田 まあ、「みんなの気分次第で景気は良くなったり、悪くなったりする」というのは、経済の本質を突いているかもしれませんけどね。経済学者はいろいろ理屈を言いますけれども、経済というのは決してメカニカルで数学的な計量可能な要素の組み合わせで動いているものではないです。経済活動の相当部分は幻想で動いている。

たとえばタクシーって、景気についての「気分」を知る上ではきわめて有効なんです。タクシーに乗るか乗らないかの判断基準って、実はないから。電車でも行けるし、バスでも行けるし、歩いても行ける。でも、「まあ、タクシーで行くか」と思って、タクシーに乗ることを自分に許す。その「まあ、いいか」という自分に対する甘さというのは、実は財布の中身とはそんなに関係ないんです。「これからなんだか、自分の人生が上向きになりそうな気がする」というときには「まあ、タクシーで」という気分になるし、財布に十分なお金が入っていても、「なんだかこの先、不安だな」と思うと、「今日くらいは歩いていくか。

健康にもいいし」となってしまう。

白井　僕もよくタクシーの運転手に「景気はどうですか？」と訊くんです。みんなが口を揃えて言っていたのは、「リーマンショック以降、ダメですね」ということですね。

内田　僕は二〇〇八年のリーマンショックの一週間くらい後に、中之島からタクシーに乗ったことがあるんです。そのとき「景気どう？」って訊いたら、「もう全然ダメです、どうにもなりません」と運転手さんが慨嘆《がいたん》してました。夕方の七時ぐらいで、中之島から大阪駅に向かってサラリーマンやOLたちがぞろぞろ歩いているのを見ながら、「この人たちが前は北新地で呑んで、タクシーに乗って家まで帰っていたんですけどね」と言ってました。でも、おかしな話なんですよ。リーマンショックなんてほんの一週間前の話で、それもアメリカでのことで、別に日本のサラリーマンの給料が今月から下がったわけじゃない。でも、「なんだかたいへんなことになりそうだ」とみんなが言うので、先週まで北新地で飲み倒して、終電がないからって、タクシーで家に帰ってた人たちが、今日はまっすぐ電車で家に帰ろうとしている。この消費行動の変化は財布の中身の関数じゃないんです。未来についての不安の関数なんです。手を上げてタクシーを止めるか、電車の駅まで歩くかの決断は実質的な根拠なんてない。消費行動を決定するのは、ぎりぎりまで削ぎ落としたら、幻想なんです。とくに「乗ってもいいし、歩いてもいい」タクシーや「行ってもいいし、行かなくてもいい」銀座や新地のクラブは景気の「気分」にはげしく左右される。わずかな心理の変化が、何倍にも増幅されて売り上げに出てくる。

白井　「タクシーはイリュージョンによって走っている」。これは画期的な指摘ですね。

内田　消費活動というのはおおかたそういうものなんですよ。衣食住の基本である衣類にしても、ただ暖をとるという目的なら、同じ服を一〇年着続けてもいいわけです。でも、なんとなくこれから金まわりがよくなりそうな「気がする」と、新しい服をどんどん買うし、あまり良いことなさそうな「気がする」と、「まあ、やめとこ」ということになる。株価がまさにそうでしょ。みんなが上がると「思えば」上がるし、下がると「思えば」下がる。その場合、株価は企業の事業内容とは無関係なんです。景気とはまさに人々の気分を関数とする現象ですから。だから、リフレ政策の中の「人々の期待に訴える」という狙いについては、僕はそういうのもあると思います。部分的には正しい。しかし、人々の気分を楽観的にさせる方法なら、他にいくらでももっと有効なものがあるはずです。たとえば、医療費とか教育費の負担を軽減するとか、福祉を充実させて老後の不安を解消するという大胆な政策を採用したおかげで、高齢者たちが「なんか老後は貯蓄とかなくても国がなんとか面倒みてくれそうだ」と「思えば」、蓄えを崩しても活発な消費行動を始めるかもしれない。わかりませんよ、するかどうか。どっちにしても幻想なんだから。でも、どっちにしても幻想なんだったら、どれが効くのか、吟味するくらいのことはしたっていいじゃないですか。「この道しかない」なんてただの思考停止ですよ。だいたい作為的にインフレを起こして、「金もっていてもしょうがないから、使ってしまえ」とみんなに思わせて、消費行動に走らせるというのは、尻尾つかんで犬を振り回すような話ですよ。

白井 犬の尻尾をつかんで、胴体を振り回すなんてことをやると、怒った犬に噛みつかれる危険性がある。そういうことになる前に、内田さんが今おっしゃったように人々の安心をつくり出して消費を促す方向へと転換すべきなのは明らかでしょう。

内田 実際、経済指標見れば、もうアベノミクスって、明らかに失敗しているわけでしょ。企業収益は増えたけど、実質賃金は下がっているし、世帯あたりの消費支出も減っている。以前より貧しくなっていて、回復の見通しが立たない。この時期に儲けたのは大企業とその株主たちだけなんです。

白井 水野和夫さんは、「金利は経済成長に連動している。長期金利がマイナスであるということは、この先、経済が縮小すると市場が見ているということだ」と指摘されています。

一〇年国債の金利がマイナスであるということは、「日本経済はこれからの一〇年間においてマイナス成長に陥る」という答を市場が出しているということである、と。僕もそう思います。市場主義者たちはあれだけ「市場に従え」と言っているのに、「リフレで経済成長を実現する」と強弁するとしたら、それは市場が出した答から目を背けていることに他なりません。「主義主張どおり、市場の声に従ったらいかがですか」と言いたいですね。

もう戦争しか需要を創り出せない

白井　何が何でも経済を成長させようというアベノミクスに、もし成功する道があるとすれば、それは軍事ケインズ主義であろうと僕は思っています。つまり戦争を起こすということです。

先日、エコノミストの浜矩子《はまのりこ》さんの話を聞く機会がありました。浜さんが言っておられたのも、「資本主義は限界である。経済成長も限界である」ということでした。浜さんによれば、経済成長が必要とされるケースというのは二つしかない。すべてを失ったときと、これからすべてが始まるときである、と。どっちにしても、何もない状態ですね。

だからあくまで経済成長を追い求めるならば、「すべてを失った状態を創り出そう」ということになる。つまり戦争です。地震のように天災ですべてを失くすということもあるけれども、それだと自然まかせになってしまう。となると戦争しかない。

今、日本でこんなに景気が悪いのは、別に安倍首相一人のせいではなくて、世界の資本主義全体が煮詰まってきているということが大前提としてある。ヨーロッパは多くの国で日本以上にひどい状況だし、中国や東南アジアも危うさをはらんでいる。この局面から脱出するには、大量破壊をやって人為的に需要を創出するしかないでしょう。

内田 そうですね。「あとは戦争しか手が残っていない」と考えているビジネスマンはいっぱいいると思います。

白井 そういう前提を置くと、安倍政権がこれまでやってきた政策はすべて辻褄が合うんです。武器輸出を解禁し、防衛装備庁をつくって兵器生産を儲かる産業にしていきたいという政策の狙いは、「戦争から生まれる商機を逃してはならない」ということでしょう。

内田 人間が生きていくため絶対に必要な社会的インフラというものがあって、それが破壊されたら、また一から造り直さなければならない。それがないと生きられないんですから、仕方がない。だから、未来を担保に差し出しても、命を削っても、ある限りの国民資源を吐き出して、建物を造って、道路を造って、水道を通して、交通を通して、破壊されたものを全部ゼロから造り直さなければならない。確かに、そうすれば膨大な需要が発生する。でも、これは国民的な「ストック」を食いつぶして、それを「フロー」に流し込んでいるだけの「みかけの繁栄」に過ぎません。国そのものは痩せ細ってゆく。

白井　リベラルの論客でも、「脱成長という考え方ではやっていけないだろう」と言う人は多いですが、これからの日本で経済成長するのは簡単なことではないわけで、あくまで成長が必要なんだというのなら、戦争まで覚悟しなければいけない。

内田　本当にそのとおりです。世界の中で成長率がトップクラスの国は、どこも政情不安定な国なんです。世界の成長率第一位は、二〇一二年がリビア、二〇一三年が南スーダン、二〇一四年がエチオピア。その他でも、トップ一〇に入っているのは、だいたい内戦をやっているかクーデタがあったか軍事独裁か、そういう国です。政情不安定な国で経済成長率が高いというのは、経済成長を駆動しているのが生身の人間から搾り取ったものだということを意味していると思います。戦争というのは、国民の命を政府が操作できる状態のことですからね。命と引き替えなら、人間はどんな資源でも吐き出しますから。そうやって経済的な浮揚力を得ている。でも、その源泉は人間の苦しみなんです。

白井　『戦争と資本主義』（講談社学術文庫）で、「戦争なくして資本主義はなかった」と説いた、ヴェルナー・ゾンバルトは正しかったわけですね。

内田　資本主義的な観点で言えば、兵器産業こそ理想の産業なんです。「自動車産業は裾野が広い」とよく言われますが、兵器産業も同じで、その下に鉄鋼、プラスチック、ガラス、ゴム、コンピュータ、石油、ゼネコンと、ほとんどすべての産業がぶら下がっている。

加えて、ふつうの商品は市場に投入されると、ある時点で飽和してしまうから、需要が鈍化するのだけれど、兵器というのは市場に投入されればされるほど、市場が拡大していく。だって、兵器の主務は他の兵器の破壊ですからね。同業他社製品どころか、自社製品だって、ばんばん破壊してニーズを作り出してくれる。過剰生産で市場が飽和するということが絶対にない「夢の商品」なわけです。ですから、ありえない経済成長に最後の解を求めた人たちが「戦争をやろう」「兵器を作ろう」ということになるのは、目先の利益を考えたら当然のことなんです。戦争をして欲しい、ただしうちの近くは困る。うちの裏庭じゃないところでなら、いくら戦争をやってもらっても構わない、と。日本では安倍政権が兵器の輸出を後押ししているから、産業界では今頃、「どこかで戦争が始まりますように」と祈願しているんじゃないですか。

白井　はい、「そろそろどこかで戦争でも起きてくれないことには、日本経済も立ちゆかなくなってきますなあ。さすがに日本の国土でドンパチやられたのではたまらないから、私はインドあたりで戦争が起きてくれれば、我が国としては一番有り難い展開になると思ってますよ」とズバリ言った大会社の社長さんがいるそうですね。思うのですが、この社長さんは、他の人よりも少し率直なだけなのです。自覚のないまま、事実上この思想に賛成し、加担しているという状況こそ、最悪ですね。

一番有望なのは中東ということになるでしょう。中東で大戦争が起これば、大量破壊で復興需要が生まれるので、世界経済に成長の余地が生まれてくる。今の中東情勢を見ていると、もしかするとそれがもう間近に迫っているのかもしれません。

ただ、「どこかよそでやってもらえれば」なんて、そんなに甘いものではないでしょう。何かしら日本にも飛び火してくるはずです。それこそグローバルな連鎖のリスクが高まっていますから。

内田　でも、そこで本物の天罰が下るかもしれませんね。いや、暗いなあ。

いずれにしても、とんでもない話ですね。「うまくいこうがいくまいが、とにかく成長政策を続ける」という無理筋の思考そのものから脱却しないといけないですね。

白井　はい、そのきっかけが東京オリンピックが開催不能に追い込まれるというようなことで済むならば、これは御の字でしょう。我々としては、何とかできるだけソフトランディングできるよう、世の中に訴えかけを続けるほかありません。

おわりに

みなさん、こんにちは。内田樹です。

今回の本は白井聡さんとの対談です。白井さんとは『日本戦後史論』という対談本を昨年出しました。二冊ともタイトルが全部漢字ですね、そう言えば。あら、今度出る姜尚中さんと僕の対談本もタイトルは『世界最終戦争論』で全部漢字です。

僕が学生だった頃、『世界の共同主観的存在構造』というような「タイトル内漢字比率の異常に高い本」を書く廣松渉《ひろまつわたる》という哲学者がおりました。僕は彼の文体に強い影響を受けた世代ですので、今回編集の渡辺さんから『属国民主主義論』という漢字一〇〇%タイトル案を示されたときに、何となくあの時代の匂いを感じて、ちょっと感傷的な気分になりました。

この「一九六〇—七〇年代的な匂い」というのは、白井さんとの対談の本質を思いがけなく言い当てているような気がします。僕は一九五〇年生まれですから、六〇—七〇年代は時代の空気がひりひりと肌にしみいる年代でした。でも、七七年生まれの白井さんはもちろんそんな時代には生まれていない。だから、その時代の空気なんか知るはずないんです。でも、その時代に生まれていないのに、まるで「その時代の人」みたいな気がする。そういう人ってときどきいます。

司馬遼太郎が中国語音韻学の藤堂明保についてこんな逸話を書いています。唐代の西域に「于闐《うてん》」という国がありました。現代の地名は「和田《ホータン》」。「闐」と「田」は同音ですが、どうして「于（yü）」が「和（kho）」に音韻変化したのか。司馬が不思議に思って訊ねたら、「秦漢時代には『于』の音は上あごをこすりつける（たんを吐くような）ホー（kho）という音で和と同じ音だったんです」と藤堂は即答したそうです。それを聞いて司馬は「紀元前の音がどうして藤堂さんにわかるのか、魔法の話でもきいているようだった」と書いています。僕も白川静の漢字学についても同じような「魔法の話」を聞かされているような気がすることがあります（「白川先生、もしかして、古代中国に生きてました?」って真剣に聞きたくなる）。「その時代に生きていなければ知らないことを知っている人」ってときどきいるんです。

白井さんと話していると「白井さん、一九六〇年代に生きてなかった?」と聞きたくなることがあります。だって、三〇代の人と話していて、「ブント」とか「クロカン」とか「廣松」とかいう名詞が話題に出てくることなんてふつうはないですから。だいたい、白井さんはレーニン主義者なんですよ。僕は一昨年白井さんにはじめてお会したんですけれど、その初対面の挨拶で「生きているレーニン主義者に会ったのは三〇年ぶりくらいです」と申し上げたくらいです。

そういうこともあって、僕はつい白井さんのことを「生まれてくる時代を間違えた青年（で、精神年齢は僕と同じくらい）」じゃないかと思って、そういう気分でしゃべっています。この対談でも、親子ほど年の違う男たちが政治について語っているという印象を抱く読者は少ないと思います。話題によっては彼のほうが僕より「その時代」について詳しかったりするんですから。

それに、彼がもし六〇年代の大学キャンパスに生きていたら、あの火を噴くようなアジテーションと、縦横無尽な活動力と、たちまち人々を魅了する天才的なネットワーク形成力で、全国的な政治運動組織を率いていたんじゃないかと思います。それが彼にとってよかったかどうかはわかりません。あまりよくなかったんじゃないかという気もします。フロントラインを疾駆していて、ふと後ろを振り返ると、白井さんの速度について行けずにみんな脱落してしまっていて、たった一人最前線に立ち尽くしている……というような絵が想像できるからです。

僕はだいぶ経ってから息を切らして、よろよろと追いついて「白井さん、走るの速すぎるよ。これじゃみんなついていけないよ」と文句を言う係。でも、そのまま坐って二人で待っていても誰も後から来ない。だんだん日が暮れて、寒くなってくる。「誰も来ないね」「来ませんね……」と顔を見合わせる。なんだか、そういう絵柄がありありと想像できるわけです。でも、そういう「貧乏くじ」を自分から進んで引いてくれる青年なんて、当今なかなかいませんよ。その意味ではほんとうに希有な人です。

読者のみなさんはどうぞそういう「夕陽の荒野をとぼとぼ歩いて行く青年と老人二人の落ち武者」の姿を想像しながら、この対談を読んでみてください。

最後になりましたが、企画編集の労をとってくださった東洋経済新報社の渡辺智顕さんのご尽力にお礼を申し上げます。白井さん、またそのうちどこかで会いましょう。

二〇一六年六月

内田　樹

著者紹介

内田　樹（うちだ　たつる）

1950年東京生まれ。思想家、武道家、神戸女学院大学名誉教授。東京大学文学部仏文科卒業、東京都立大学大学院博士課程中退。専門はフランス現代思想、武道論、教育論、映画論など。凱風館館長、多田塾甲南合気会師範。著書に『ためらいの倫理学』（角川文庫）、『街場のアメリカ論』（文春文庫）、『私家版・ユダヤ文化論』（文春新書、第6回小林秀雄賞受賞）、『日本辺境論』（新潮新書、新書大賞2010受賞）、『日本の反知性主義』（編著、晶文社）、『街場の戦争論』（ミシマ社）、『日本戦後史論』（白井聡氏との共著、徳間書店）などがある。第3回伊丹十三賞受賞。

白井　聡（しらい　さとし）

1977年東京生まれ。政治学者、思想史家、京都精華大学人文学部専任講師。早稲田大学政治経済学部政治学科卒業、一橋大学大学院社会学研究科博士後期課程単位修得退学。博士（社会学）。著書に『未完のレーニン』（講談社選書メチエ）、『「物質」の蜂起をめざして――レーニン、〈力〉の思想 増補新版』（作品社）、『永続敗戦論』（太田出版、第35回石橋湛山賞、第12回角川財団学芸賞受賞）、『日本劣化論』（共著、ちくま新書）、『「戦後」の墓碑銘』（金曜日）、『戦後政治を終わらせる』（NHK出版新書）などがある。

属国民主主義論

この支配からいつ卒業できるのか

2016年7月21日　第1刷発行
2016年7月27日　第2刷発行

著　者――内田　樹／白井　聡
発行者――山縣裕一郎
発行所――東洋経済新報社
〒103-8345　東京都中央区日本橋本石町1-2-1
電話＝東洋経済コールセンター　03(5605)7021
http://toyokeizai.net/

装　丁…………竹内雄二
DTP…………アイランドコレクション
印　刷…………東港出版印刷
製　本…………積信堂
編集協力………久保田正志
編集担当………渡辺智顕
　ISBN 978-4-492-21227-1

税逃れのタックスヘイブン、
残業代ゼロ・低賃金かつ解雇自由な労働法……

このままでは国民国家が株式会社に乗っ取られる！

わたしたちが逃れ得ぬ
「病」に罹患しつつも、
それでも生き延びていくための
道筋を示す。

グローバリズムという病

平川克美［著］

四六並製　定価（本体1500円＋税）

主要目次